1365

BIBLIOGRAPHIE JAPONAISE

ou

CATALOGUE

DES

OUVRAGES RELATIFS AU JAPON

QUI ONT ÉTÉ PUBLIÉS

DEPUIS LE XVe SIÈCLE JUSQU'A NOS JOURS;

RÉDIGÉ

PAR M. LÉON PAGÈS,

ANCIEN ATTACHÉ DE LÉGATION.

PARIS

BENJAMIN DUPRAT, LIBRAIRE DE L'INSTITUT IMPÉRIAL DE FRANCE,

ET DES SOCIÉTÉS ASIATIQUES DE PARIS, LONDRES,
MADRAS, CALCUTTA, CHANG-HAÏ ET NEW-HAVEN (ÉTATS-UNIS D'AMÉRIQUE);

Rue du Cloître-Saint-Benoît, 7.

MDCCCLIX

IMPRIMERIE DE W. REMQUET ET Cⁱᵉ, RUE GARANCIÈRE, 5.

L'empire japonais, déférant sagement aux conseils des puissances européennes, a, dans ces derniers temps, abjuré sa haine séculaire envers les étrangers, et déposé le vain orgueil qui l'étreignait comme un linceul, et l'enfermait dans les ténèbres de l'ignorance et de l'idolâtrie : le vieil empire s'associe déjà sans réserve au commerce universel du monde, et bientôt, sur les traces des diplomates et des négociants, les missionnaires catholiques pénétreront dans ses provinces et ressusciteront cette Église japonaise, si féconde en saints exemples et en glorieux martyres, au sein d'un peuple héroïque appelé par saint François-Xavier les *délices de son âme*, peuple si capable de concevoir la vérité divine et de la pratiquer après l'avoir connue.

Nous avons entrepris, il y a cinq ans, d'étudier, d'après les documents anciens et modernes, l'histoire du Japon au point de vue européen, et d'exposer, autant que le permettent les notions acquises, la nature physique de l'archipel, la constitution de l'empire, les mœurs de la nation, l'abrégé des annales politiques, pleines de révolutions et de guerres, et parallèlement à l'histoire, l'origine de l'Église chrétienne, ses progrès, ses souffrances et son anéantissement dans le sang des fidèles. Nous avons compris dans nos études les relations anciennes du Japon avec les nations européennes, le commerce précaire conservé par les Hollandais, et les relations nouvelles avec l'Europe depuis la fin du dernier siècle jusqu'à nos jours. Cet ouvrage, qui comprendra quatre volumes, est assez avancé pour que nous puissions le publier avant deux ans.

En même temps nous avons traduit du hollandais la grammaire japonaise de MM. Donker Curtius et Hoffmann, publiée à La Haye en 1857, et du portugais, le dictionnaire Japonais-Portugais composé par les missionnaires de la Compagnie de Jésus, et publié à Nangasaki en 1603. Ces derniers ouvrages sont terminés et doivent bientôt paraître.

Dans le cours de nos études, nous avons été surpris de l'abondance des matériaux qui s'offraient à nous ; nous avons scrupuleusement relevé les titres des documents, et nous croyons servir les intérêts de la science en publiant dès aujourd'hui notre catalogue bibliographique qui pourra procurer aux missionnaires, aux savants et aux voyageurs la connaissance générale des sources.

Nous devons exprimer ici tous nos sentiments de reconnaissance envers les personnages vénérables qui ont daigné patroner nos études.

A Rome, S. Em. Révér^me le cardinal A. Barnabó, préfet de la S. C. de la Propagande, le Révér^me Père Jandel, maître général des Frères Prêcheurs, le Très-Rév^d Père Beckx, général de la Compagnie de Jésus, et les RR. PP. Rubillon, assistant de France, et de Villefort, de la même Compagnie, nous ont ouvert l'accès de leurs bibliothèques et de leurs archives, et nous ont permis de consulter en toute occasion leur profonde sagesse.

Sous les auspices de ces autorités éminentes, plusieurs savants religieux nous ont assisté de la manière la plus sympathique. Nous ne saurions les nommer tous, mais nous conservons de leurs excellents offices un respectueux et profond souvenir.

Le temps nous a manqué pour profiter complétement des bontés du Révér^me Père général des Franciscains réformés. Nous devons néanmoins à cet illustre et saint religieux les communications très-libérales qui nous ont été faites dans les couvents de Saint-Isidore et des Santi-Quaranta.

A Paris, MM. les conservateurs de la bibliothèque impériale, MM. Ravenel, Magnin, Reinaud et Jomard, se sont montrés pour nous d'une parfaite bienveillance. M. Ravenel a favorisé nos travaux dans toute l'étendue de son pouvoir, et M. Jomard les a pour ainsi dire adoptés en s'y intéressant avec une bonté vraiment paternelle.

Le présent opuscule, malgré tant de secours, et malgré tous nos soins, est évidemment très-imparfait encore, mais nous avons préféré le publier à cette heure : en effet, le soin de sa perfection plus grande retarderait les services qu'il peut rendre et l'achèvement de notre ouvrage historique.

Nous prions les personnes à qui nous aurons offert ce travail en hommage de vouloir bien nous en signaler les erreurs et les omissions, desquelles nous pouvons dire, en toute vérité, ce que disait sainte Catherine de Gênes, en parlant de ce qu'elle appelait ses fautes : « *Ce sont les fruits de notre jardin.* »

Léon PAGÈS.

BIBLIOGRAPHIE JAPONAISE.

[A. 1496-1551]

1. **Marco Polo.** Delle maraviglie del mundo, da lui vedute. Venetia, per Zoanne Baptista de Sessa. M CCCC XCVI a di xiii di junio. 8°.

1ʳᵉ édition italienne : il en existe un grand nombre d'autres. Des traductions ont été faites en différentes langues. Quelques critiques sont d'avis que l'ouvrage a été primitivement écrit en latin.

Ramusio donne un texte un peu différent de l'édition de 1496.

Les éditions modernes les plus estimées sont : Celle donnée par M. le comte Baldelli à la suite de la Storia delle relazioni vicendevoli dell' Europa, e dell' Asia, dalla decadenza di Roma, fino alla distruzione del califfatto. « Il Milione di Marco Polo, testo di lingua del secolo decimo terzo, pubblicato ed illustrato dal conte Gio.-Batt. Baldelli. » L'ouvrage entier de Baldelli : Firenze. Pagnin, 1827-28. 3 tom. en 4 vol. 4°, avec un atlas contenant 2 grandes cartes.

— Et : I Viaggi in Asia, in Africa, nel mare dell' Indie, descritti nel secolo xiii da Marco Polo ; testo di lingua detto il Milione filustrato con annotazioni. Venezia, Alvisopoli, 1829, 2 part., 16°.

— Il existe plusieurs éditions latines. Le plus ancien texte, présumé écrit par Pipino, vers 1320, a été publié à Venise de 1490 à 1500. — Grinœus a inséré cette traduction dans sa collection intitulée *Novus orbis*.

— La Société française de géographie a publié dans le 1ᵉʳ volume de ses Mémoires (Paris, 1824) une ancienne version française et une version latine.

— La plus ancienne édition allemande a été publiée à Nuremberg en 1477, f°.

— La plus ancienne édition portugaise, à Lisbonne, Valentym Fernandez, 1502, f°.

Bibl. nat. de Lisbonne et Bibl. d'Évora. — Figanière, 947.

— La plus ancienne édition espagnole, à Séville, 1520, f°.

— La plus ancienne version anglaise, par Dampton. London, Ralph Newbery, 1579, 4°.

— Il a été fait une version moderne en anglais par Will. Marsden. London, Longmann, 1818, 4°.

2. **Historia** do descobrimento e conquista da India pelos Portugueses. Feita por Fernão Lopez de Castanheda. viii livros, Coimbra, 1551 et années postérieures. F°.

[A. 1552-1562]

— Réimpression. Lisboa, typog. Rollandiana, 1833, 4°, 7 tomes.

3. **Asia** de Joam de Barros. iv decadas. Lisboa, 1552 et années post. f°.
— Réimpression : Lisboa, regia off. typogr. 1777 et 1778, 8°, 8 tomes.

4. **Copia** de unas cartas de algunos Padres y Hermanos de la Compañia de Jesus que escrevieron de la India, Japon y Brasil a los Padres y Hermanos de la misma Compañia en Portugal, trasladadas de portugues en castellano. Fuerõ recebidas ci año de 1555. Acabaron se a 13 dias del mes de deziembre. Por Joan Alvarez. Año 1555.

Cette collection, imprimée en gothique, forme 33 feuillets non numérotés. V⁴ Figanière, 1879, note. (Bibl. nat. de Lisbonne.)

5. **Avisi** particolari delle Indie di Portugallo novamente havuti questo anno di 1555 dalli R. P. della C. di Jesu. Dove si ha informazione delle gran cose che si fanno per augmento de la Santa Fede. Con la descriptione e costumi delle genti del regno de la China, e altri paesi incogniti trovati. Roma, Ant. Blacu, 1556, 8°, f⁰ 40.

6. **Diversi** avisi particolari dall' Indie di Portogallo ricevuti dall' anno 1551 sino al 1558, dalli R. P. della C. di G. Dove s'intende delli paesi, delle genti e costumi loro, e la gran conversione di molti popoli, che hanno ricevuti il lume della Santa Fede, e religione Christiana. Tradotti nuovamente dalla ling. spagn. nella it. Venezia, Tramezzino, 1558, 8°, f⁰ 286, sans la préf. et les tables.
— 1565, 8°.
— 1568, 8°.
— **Nuovi** avisi dell' Indie di Portogallo ricevuti dalli R. P. della C. di G., tradotti dalla ling. spagn. nell' italiana. Venezia, Tramezzino, 1559, 8°.
— 1568, 8°, f⁰ 59, sans la préf. et les tables.
— **Nuovi** avisi, etc., 3ᵃ parte. Venezia, Tramezzino, 1562, 8°, f⁰ 316, sans la préf. et les tables.
— **Nuovi** avisi, etc., 4ᵃ parte. Venezia, Tramezzino, 1565, 8°, f⁰ 189, sans la préf. et les tables.

7. **Copia** de algunas cartas que los Padres y Hermanos de la Compañia de Jesus, que andan en la India, y otras partes orientales, escrivieron a los de la misma Compañia de Portugal. Desde

el año de 1557 hasta el de 60. Tresladadas de portugues en castellano. Impressas en Coimbra por Joan de Barrera, 1562, 4°.

L'impression fut terminée par Juan Alvares, imprimeur du roi.

Cette collection fut publiée, dit Figanière, qui en possède un exemplaire, par le P. Manuel Alvarez, jésuite, V° Fig., 1479, note. — (Bibl. nat. de Lisbonne, et Bibl. de Fig.)

8. **Copia** de las cartas que los Padres y Hermanos de la Compañia de Jesus que andan en el Japon escrivieron a los de la misma Compañia de la India, y Europa, desde el año de 1548 que comêçaron, hasta el passado de 63. Tresladadas de portugues en castellano. En Coimbra. Por Juan de Barrera, y Juan Alvarez, 1565, 4°.

Publié, dit Figanière, qui en possède un exemplaire, par le P. Cypriano Soares, jésuite. V° Fig., 1479, note. — (Bibl. nat. de Lisbonne, et Bibl. de Fig.)

9. **Jesus:** Epistolæ Indicæ. De stupendis et præclaris rebus quas divina bonitas in Indiâ et variis insulis per Soc. nom. Jesu operari dignata est in tam copiosâ gentium ad fidem conversione.—Lovanii, apud Rutgerum Velpium, 1566, 12°, pp. 496.

Contient 47 lettres écrites de 1544 à 1560. L'auteur de ce recueil est le P. Jacobus Navarchus (Schipman), né à Hondschoott, mort à Anvers en 1576.

— Epistolæ Japanicæ de multorum gentium in variis insulis per Societatis nom. Jesu theologos conversione, in quibus etiam mores, leges locorumque situs luculenter describuntur. Lovanii, ap. Rutg. Velpium, 1569, 8°. 2 vol., pp. 263 et 310.

Deuxième recueil par le même auteur, en deux parties, contenant: 1° 47 lettres écrites de 1549 à 1564; 2° 40 lettres écrites de 1564 à 1564.

— Epistolæ Indicæ et Japanicæ de multarum gentium per Societatem Jesu conversione. Item de Tartarorum potentia, moribus, et totius pene Asiæ religione. Tertia editio cum indice, castigatior et auctior. Lovanii, apud Rutg. Velpium, 1570, 8°, pp. 316.

Contient 23 lettres, de 1544 à 1565.

— Epistolæ Japanicæ de multorum in variis insulis gentium ad Christi fidem conversione. Accessit demum rerum ac verborum index locupletissimus. Lovanii, apud Rutg. Velpium, 1570, 8°, pp. 401.

Contient 25 lettres, de 1549 à 1564.

Les PP. De Backer font observer que les quatre recueils différent notablement et doivent être réunis pour former une collection complète.

10. **Jesus.** Cartas que os Padres e Irmãos da Companhia de Jesus, que andão nos reynos de Japão, escreverão aos da mesma Companhia da India, e Europa, desdo anno de 1549 ate o de 66. Nellas se côta o principio, sucesso, e bõdade da christandade daquellas partes, e varios costumes, et idolatrias da gentilidade. Coimbra, Ant. de Mariz, 1570, 8°, feuillets 20 et 675.

— Mêmes lieu, imprimeur et année, 4°.

Bibl. nac. de Lisb. — Livr. Macedo. — Livr. Mello Manuel. — Bibl, imp. de Paris, O. 4°, 4356. V° Figan. 1477.

11. **Rerum** a Societate Jesu in Oriente gestarum ad annum usque à Deiparâ Virgine 1568 commentarius Emmanuelis Acostæ lusitani recognitus et latinitate donatus. Accessère de Japonicis rebus epistolarum libri IV item recogniti et in latinum ex hispanico sermone conversi.— Dilingæ, apud Sebaldum Mayer, 1571, 8°, ff. 228, sans la dédicace et l'index.

L'ouvrage original ayant pour titre : Historia das Missoens do Oriente, est demeuré inédit. — Le nom du P. Maffei, traducteur, se trouve dans la dédicace. — Le P. Acosta, né à Lisbonne vers 1540, y mourut en 1604; le P. Maffei, né à Bergame en 1535, mort à Tivoli en 1600.

— En français : Histoire des choses mémorables sur le fait de la religion chrestienne, dictes et exécutées ès pays et royaumes des Indes orientales. Par ceux de la C. de J., depuis l'an 1542 jusques à présent. Avec certaines epistres notables et concernantes l'estat des affaires du pays de Japon. Trad. du latin de Jean Pierre Maffeo, en français, par M. Emond Auger de la C. du nom de Jésus. Lyon, Benoist Rigaud, 1571, 8°, ff. 91.

Le P. Auger, né près de Troyes en 1530, mort à Côme en 1591.

— Les Lettres seules : Recueil des plus fraîches Lettres escrittes des Indes orientales par ceux de la C. du nom de Jésus, qui y font résidence..., et envoyées l'an 1568, 69 et 70 à ceux de ladicte Compagnie en Europe, sur la grande conversion des infidèles à J.-C., traduites d'italien en français. Paris, Michel Sonnius, 1571, 8°, pp. 131.

— Le même ouvrage : Historia rerum à Societate Jesu in Oriente gestarum... Accessère de Japonicis rebus libri IV, et recentium de rebus indicis epistolarum liber usque ad annum 1570. Parisiis, apud Michaelem Sonnium, 1572, 8°, ff. 246.

— Le même: Acosta. De rebus Indicis commentarius. De Japonicis rebus epistolarum libri v. Accessit etiam specimen quoddam litterarum vocumque Japonicarum. Neapoli, 1573, 4°.

— Le même : Rerum a Societate Jesu in Oriente gestarum volumen continens historiam jucundam lectu omnibus christianis... nunc pluribus ultra omnes editiones priores locupletatus... — Coloniæ, apud Gervinum Calenium et hæredes Joh. Quentel, 1574, 8°, pp. 452, sans la dédicace et la table.

— Coloniæ, 1579.?

— Em. Acostæ Lusitani historia rerum, etc. Cadomi, apud Adamum Cavelier, 1614, 6°.

11 bis. L'ouvrage du P. Acosta a été développé par le P. Maffei lui-même sous le titre de : — Historiarum indicarum libri xvi, Florentiæ, 1588, 8°.
— Selectarum epistolarum ex India, libri iv, Jo. Petro Maffeio interprete, etc. — Venetiis, Zenarius, 1588, 4°.
— Historiarum indicarum libri xvi. Selectarum item ex Indiâ epistolarum eodem interprete libri iv, etc. Lugduni, ex officinâ Junctarum, 1589, 4°, pp. 688, sans les tables.
— Historiarum indicarum libri xvi... Omnia ab auctore recognita, et nunc primùm in Germaniâ excusa... Coloniæ Agrippinæ, in officinâ Birckmannicâ, sumptibus Arnoldi Mylii, 1589, f°, pp. 541.
— Historiarum indicarum... Omnia ab auctore recognita, et emendata. Coloniæ Agrippinæ, in officinâ Birckmannicâ, sumptibus Arnoldi Mylii, 1590, 8°, pp. 703, sans les tables.
— Coloniæ Agrippinæ, ex officinâ Birckmannicâ, 1593, f°.
— Jo. Petri Maffei, Bergomatis, è Societate Jesu, Historiarum indicarum libri xvi. Selectarum item ex Indiâ Epistolarum lib. iv. Accessit liber recentiorum epistolarum a Joanne Hayo Dalgattiensi Scoto ex eadem Societate nunc primùm excusus... Duobus tomis distributi. Omnia ab auctore recognita et emendata. Antuerpiæ, ex officinâ Martini Nutii, 1605, 8°.

¹ Le P. Hay, né en Écosse, mort à Pont-à-Mousson en 1607.

— Joannis Petri Maffei Bergomatis e Societate Jesu Historiarum indicarum libri xvi, etc. Viennæ Austriæ, 1751, f°.
— Viennæ Austriæ, ex officinâ Trattnerianâ, sumptibus Aug. Bernardi, bibliopolæ, 1752, f°, 2 tom., pp. 366 et 157.
Se trouve aussi compris dans : — Jo. Petri Maffei Bergomatis è Soc. Jesu opera omnia latine scripta. — Bergomi, Petr. Lancellottus, 1745, 4°, 2 v.
L'Histoire des Indes du P. Maffei a été traduite en plusieurs langues :
— En italien : Le Istorie delle Indie orientali, scritte in latino dal P. Gio. Pietro Maffei, della C. di G., tradotte da M. Francesco Serdonati. Firenze, Filippo Giunti, 1589, 4°.
— Venezia, appresso Damian Zenaro, 1589, 4°.
— Le Storie dell'Indie Orientali, del P. Gio. Pietro Maffei, tradotte di latino in lingua Toscana da M. Francesco Serdonati Fiorentino citate come testo di lingua... Colle lettere scelte scritte dall' Indie, e dal medesimo tradotte. Bergamo, Pietro Cancellotti, 1749, 4°, 2 vol., pp. 551 et 224, sans l'épître dédic. et la vie de l'auteur.
— Istorie dell' Indie Orientali del P. Gio. Pietro Maffei, tradotte da M. F. Serdonati. Milano, 1806, 8°, 3 vol.
— En français : — Histoire des Indes, de Jean Pierre Maffée, etc., traduite par F. A. D. L. B.

(François Arnault de la Boirie). Lyon, Pillehote, 1653, 8°.
— Histoire des Indes orientales et occidentales, par Joan Pierre Maffée, traduite du latin, par M. M. D. P. (Michel de Pure). Paris, Robert de Ninville, 1665, 4°.
— En allemand : — Maffei. Verz. und beschreibung der Dinge, so von den Jesuiten in Orient, von 1542-68, gehandeldt worden, aus den Portug. Ingolstadt, 1586, 8°.

12. **Jesus.** Cartas que los Padres y Hermanos de la C. de Jesus, que andan en los Reynos de Japon escrivieron a los de la misma Cª, desde el año de 1549 hasta el de 1571, en las quales se da noticia de las varias costumbres y idolatrias de aquella gentilidad ; y se cuenta el principio y successo y bondad de los christianos de aquellas partes. — Alcala, Juan Iniguez de Lequerica, 1575, 4°, ff. 315, sans les préfaces et la table.

(Bibl. imp., 2 ex. : Supp. O, 4°, 1314 et 1356.)

13. **Escalante** (Bernardino). Discorso de la Navegacion que los Portugueses hazen à los reinos y provincias del Oriente y de la noticia qq. se tiene de las grandezas del reino de la China. Sevilla, e Biuda de Alonso Escrivano, 1577, 12°.
Bibl. de la Marine.

14. **Lettere** del Giappone dagli anni 1574, 75 e 76, scritte dalli R. Padri de la C. di G., e di portoghese tradotte nel volgare italiano. — Roma, Franc., Zannetti, 1578, 8°, pp. 75.
Contient : Cabral, 31 mai 1574 ; id., 13 septembre 1575 ; le Rev. Er. Carnero, 20 novembre 1574 ; Cabral (sous le nom de Gomez Vaz), 9 novembre 1576. — Le P. Cabral, né à Covilham en 1528, mort à Goa en 1609.
— (Les originaux sont compris dans le recueil publié en 1598 par les ordres de D. Theotonio de Bragance, archev. d'Evora.)
— Une de ces lettres, celle du P. François Cabral, supérieur de la Compagnie au Japon, envoyée au P. général le 13 septembre 1575, est traduite en français dans le recueil suivant :

15. **Lettres** du Japon, Péru et Brasil, envoyées au R. P. général de la C. de J. par ceux de la Société qui s'emploient en ces régions à la conversion des gentils. Paris, Thomas Brumen, 1578, 12°.
— Lettres de 1573 à 1577. La lettre du Japon est de Thomas Gabriel (Cabral).
Bibl. de la Sorbonne et de la Prop. de la Foi.

16. **Lettere** del Giappone dell' anno 1577, scritte dalli R. P. della C. di G. Roma, Franc. Zannetti, 1579, 8°, pp. 72.
Contient Froes, 5 juin 1577 ; Organtin, 20 septembre 1577 ; Stefanone, août 1577 ; Cabral, 1er septembre 1577. — Le P. Froes, né à Beja en Portugal en 1528, mort à Nangasaki en 1597 ; le P. Organtino, né à Brescia en 1531, mort à Nangasaki en 1609.
Les lettres ci-dessus se trouvent dans le recueil d'Hayus, publié en 1605.

— En latin : Brevis Japaniæ insulæ descriptio, ac rerum quarumdam in ea mirabilium, à Patribus soc. J. nuper gestarum, succincta narratio, etc.—Coloniæ Agripp., in officinâ Birckmannicâ, 1581, 4°.
— Colon. Agripp., in off. Birkm. 1582, 12°. 46 feuillets sans la préface.
— Luis Texeira. Descriptio insulæ Japoniæ. Anvers, 1595. (*Est-ce le même ouvrage?*)
— En français : Lettres du Jappon de l'an 1580, envoyées par les prêtres de la C. de J. vacans à la conversion des infidèles audit lieu. — Paris, Thomas Brumen, 1580, 8°, feuillets 49.
<small>Ce sont les lettres de 1577.</small>
— Lyon, Benoist Rigaud, 1580, 8°.
<small>Bibl. de la Propag. de la Foi.</small>
— (La lettre seule du P. Cabral) : Nouveaux Advis de l'amplification du christianisme ès pays et royaume du Japon envoyées au R. P. général de la C. de J. par le P. Fr. Cabral, supér. de ladite Comp. audit Japon. — Paris, Thomas Brumen, 1579, 8°, feuill. 19.
<small>Bibl. de la Propag. de la Foi.</small>

17. **Lettere** dell' India Orientale scritte da' reverendi Padri della C. di Giesu, etc., novamente stampate, ampliate in molti luoghi, e ricorrette con diligenza. Vinegia, Ant. Ferrari, 1580, 12°, pp. 342.

18. **Nouveaux** Advis des Indes orientales et Jappon concernans la conversion des gentils (1579) avec un miraculeux martyre advenu à Maroc, ville d'Aphricque et Barbarie. Paris, Thomas Brumen, 1581, 8°, feuillets 11.
<small>Contient Valignani, 9 février 1579, et autres lettres de l'Inde et du Maroc. — Bibl. de la Prop. de la Foi.</small>

19. **Nouveaux** advis de l'état du christianisme es pays et royaulmes des Indes orientales et Jappon envoyés au R. P. gén. de la C. du nom de Jésus. Paris, Thomas Brumen, 1582, 8°.
<small>Contient seulement, pour le Japon : Valignani, 1er décembre 1579. Bibl. de la Propag. de la Foi.</small>

20. **Alcune** lettere delle cose del Giappone paese del mondo novo dell' anno 1579 insino al 1581. — Roma, Zannetti, 1583, 8°.
<small>Contient : Franc. Carrion, 1579; Greger. de Cespedes, 1579; Lorenz. Mexia, 1580; Froes, 14 avril, 19 et 29 mai 1581; Cabral, 15 septembre 1581. Les originaux au recueil d'Evora.</small>
— Brescia, Vinc. Sabbio, 1584, 8°.
— Milano, Pacifico Ponzio, 1584, 8°.
— Venezia, Giolito, 1585, 8°.
— En français : Lettres nouvelles du Japon touchant l'avancement de la Chrétienté en ces pays, de l'an 1579 à l'an 1581. Paris, Thomas Brumen, 1584, 8°, pp. 179.
<small>Bibl. imp., O, 1683, 4, et Propag. de la Foi.</small>
— En allemand, avec les lettres de 1577. Historischer Bericht, was sich nechst verschine Jar 1577-79-80 und 81 in bekährung der gewaltigen Landschafft und Insel Jappon, theils in Politischen und Weltlichen theils auch in Gaistlichen Sachen Zugetragen...Dillingen, Joh. Mayer, 1585, 8°, pp. 402.
<small>Bibl. imp.. O, 8°, 4703, A.</small>

21. **Historia** de las cosas mas notables, ritos y costumbres del gran Reyno de la China, sabida assi por los libros de los mismos Chinas, como por relacion de Religiosos y otras personas que an estado en el dicho reyno, por Fr. Joan Gonçales de Mendoça de la O. de S. A., y penitenciario apostolico a quien la Magestad Catholica embió con su real carta y otras cosas para el Rey de aquel Reyno el año 1580, con un Itinerario del Nuevo mundo. Roma, 1585, 8°.
— Anvers, 1596, 8°.
— En italien : Dell' Historia della China..... tradotta da Francisco Avanzo. Roma, Vinc. Pelagallo, 1586, 4°.
— En français : Histoire du grand royaume de la Chine, situé aux Indes orientales, etc., faite en espagnol par J. Gonzalez de Mendoce, et mise en français par Luc de la Porte, Parisien. Paris, 1588, 8°.
— Paris, L'Angelier, 1600, 8°.
— Histoire du grand royaume de la Chine, situé aux Indes orientales, contenant la situation, antiquité, fertilité, religion, cérémonies, sacrifices, rois, magistrats, mœurs, us, loix et autres choses mémorables dudit royaume. Plus, trois voyages faits vers iceluy en l'an 1577, 1579 et 1581..... Ensemble un Itinéraire du Nouveau Monde, et le descouvrement du nouveau Mexique, en l'an 1583. En ceste nouvelle édition a été adjoustée une ample, exacte et belle Description du Royaume de la Chine, et de toutes les singularitez, nouvellement traduite de latin en françois. S. l. Pour Jean Arnaud, 1606.
— En latin : Rerum morumque in regno Chinensi maxime notabilium historia, per Jo. Gonz. de Mendosa. Antuerpiæ, 1595, 4°.

21 bis. **Mendozza** (Gonzalez). Il gran regno della China, novamente dalli Rev. PP. di S. Augustino S. Francesco e Giesù discoperto, dove si ha piena relatione del sito, costumi, etc., che in detto regno si ritrovano, sicome nel disegno appare. Si narra dell' isole del Giapon, con il sito, loco, etc. Cavati dall' originale, dedicato alla S. D. N. S. Sisto V. (Avec carte.) Bologna, Florenza, Fr. Toti, 1589, 4°. (Brochure publiée par G. Rosatio.)
<small>Bibl. de la Marine.</small>

22. **Lettera** annuale portata di novo dal Giapone da i signori ambasciatori delle cose ivi successe, l'anno 1582. Venezia, Giolitl, 1585, 8°, pp. 103.
<small>L'original du P. Gasp. Coelho, daté de Nangaçaqui le 15 février 1582, se trouve en Evora.
Le P. Coelho, né à Porto vers 1531, mort à Canzoca, au Japon, en 1590.</small>
— A la suite de l'édition italienne se trouve : Re-

lutione della felice morte di cinque religiosi della C. di G. e di alcuni altri secolari ammazzati da' gentili per la fide nell' India orientale l'anno 1583. Cavata da una del P. Aless. Valignano, provinciale dell' India, etc.
— Roma, Zannetti, 1585, 8°.
— Lettere annale delle cose del Giapone del 1582. Milano, Pacifico Ponzio, 1585, 8°, pp. 103.
— En latin: Caspari Coellii epistola de Jesuitarum rebus gestis in insulis Japonicis. Dillingæ, Mayer, 1586, 8°.
— En allemand : Gaspar Coeli, Jungste Zeitung aus der Weiberühmten insel Japon. Was in derselben nechst verschienen Jahr 1852, von den Jesuiten sowohl in Bekehrung der Heyden als in Erzählung der neuen Christenheit gehandelt worden. Dillingæ, 1586, 8°.
Bibl. imp., O, 8°, 1703, A.
— En français : Lettre du Japon de l'an 1582, envoyée au R. P. général de la C. de J., par le P. Gaspar Coelio, vice-provincial audit lieu. Paris, Thomas Brument, 1586, 8°, pp. 108.
Bibl. imp., O, 8°, 1683, et Propag. de la Foi.

23. **Acta** consistorii publicè exhibiti à S. D. N. Gregorio papa XIII, Regum Japoniæ legatis Romæ die 23 Martii 1585. — Roma, apud Fr. Zannettum, 1585, 4°, pp. 19.
Renfermant le discours du P. Gasp. Gonçalvez. — Les Acta se trouvent aussi en Hayus, et dans les Œuvres complètes de Maffei, T. II, p. 337.
— Augustæ Trevirorum, 1585, 4°.
— Patavii, 1588, 4°.
— En français : Actes exhibés au consistoire par Grégoire pape XIII aux ambassadeurs des rois du Japon à Rome, avec un petit Recueil des Japonais et de leur pais, mis en françois par G. Thourin. Liége, 1585, 4°.

24. **Oratio** nomine legatorum Japoniæ habita in publico consistorio Romano 23 martii 1585. Romæ, Franc. Zannettum, 1585, 4°.
Le P. Gasp. Gonçalves, né à Coïmbre en 1540, mort à Rome en 1590.
— Antuerpiæ. Mart Nutius, 1593, 12°.
— Ingolstadii, 1595. 12°.
— Le même ouvrage, avec les discours de Marc Anton. Muretus. Ingolstadii, 1661, 12° ?
— Et avec les discours du P. J. Perpinianus, S. J. Coloniæ Agripp., apud Petrum Hemningium et Michaelem Domenium, 1604, 12°.
— En italien, Roma, Franc. Zannetti, 1585, 4°.
— Patavii, Mereff, 1585, 4°.
— Le discours du P. Gonçalvez se trouve encore dans le recueil publié par le P. Bencio (Bencius) : Orationes sex, sex presbyterorum Soc. J., etc. Mediolani, offic. typog. quond. Pacifici Pontij, 1598, 8°.

25. **Breve** relazione del consistorio dato agli ambasciadori Giaponesi. Roma, 1585, 8°.

26. **Avisi** venuti novamente da Roma dell' Entrata nel publico consistorio de' duoi ambasciatori mandati da tre Rè potenti del Giapone. Ferrara, 1585, 8°, avec une gravure sur bois.

27. **Breve** ragguaglio dell' Isola del Giapone havuto con la venuta a Roma delli Legati di quel regno. Firenze, 1585, 8°.

28. **Relazioni** della venuta de gli ambasciatori Giaponesi à Roma, sino alla partita di Lisbona, con una descrittione del lor paese, e costumi, e con le accoglienze fatte loro da tutti i prencipi christiani, per dove son passati, raccolte da Guido Gualtieri. Roma, 1585, 8°.
— Roma, 1586, 8°, pages XII-192.
Bibl. imp.
— Venezia, Giolili, 1586, 8°.
— En français : Actes exhibés publiquement et discours de la venue des princes japonais en Europe, tiré par advis venu de Rome. Traduit par Gaulthier d'Annonay. Lyon, Benoit Rigaud, 1585, 8°.
Le P. Jacques Gaulthier, né à Annonay vers 1560, mort à Grenoble en 1636.
— — Le discours de la venue des princes japonais en Europe, tiré d'un advis venu de Rome, auquel est contenu la description de leur pays, coutumes et manière de vivre, avec ce qui leur est advenu en chemin dès qu'ils sont départis de leurs royaumes, jusqu'à leur arrivée en Europe, et à Rome : ensemble de l'obeyssance prestée à Nostre S. Père, et la copie des lettres présentées à Sa Sainteté, de la part de leurs roys et seigneurs, l'année 1586, traduit nouvellement d'italien en françois. Paris, Fédéric Morel, 1586, 8°, p. 38.
— En Allemand : Beschreibung der jüngst abgesandten, etc. Dillingen, 1587, 8°.
— En espagnol : Breve relacion del recibimiento que eu España, i en toda Italia se hiço, a tres embajadores, etc. Sevilla, P. Maldonado, 1586, 8°.
— Traduit aussi par le docteur Buxeda de Leyva, dans son *Historia del Japon*. V° n° 44.
— En latin: Japonorum regum legatio Romæ coram summo Pontifice Gregorio XIII, 23 martii habita anno 1585. Addita etiam est brevis in calce descriptio insulæ Japonicæ. Romæ, apud Franc. Zannetti, 1585, 8°.
— Bononiæ, apud Alex. Benatium, 1585, 8°.
— Cracoviæ, in officinà Lazari, 1585, 4°.
— De trium regum japonorum legatis qui Gregorio XIII obedientiam publicæ præstiterunt. Antuerpiæ, apud Martin. Nutium, 1593, 4°.
— Réimprimé en latin avec additions, par D. Francisco de la Peña, auditeur de Rote. Roma ? 1599, 8°.

29. **Descritione** dell' ambasciaria dei regi e dei principi del gran regno del Giapon, venuti novamente a Roma, a render obbedienza alla Santita di Gregorio XIII. S. A. (1585), 4°.

30. **Choses** diverses des ambassadeurs des roys de Japon venus à Rome. Louvain, Maes, 1585, petit 4°.

31. **Annales** de Baronius, continuées par le P. Theiner, à l'année 1585.

32. **Avisi** del Giapone degli anni 1582, 83 e 84, etc. Ricevuti il mese di decembre 1585. Roma, Zannetti, 1586, 8°.

Les originaux en Evora.

— La 1ʳᵉ lettre : Lettera annale portata di novo dal Giappone dal anno 1582, Venezia, 1585, 12°.
— Les deux dernières seulement : Roma, Zannetti, 1586, 8°
— Venezia. Giolitti, 1586, 8°.
— En français. Les trois : Paris, 1586, 8°.

Bibl. imp., O, 8°, 1684.

— Les trois : Advis du Japon des années 1582, 1583 et 1584, avec quelques autres de la Chine, etc., recueillis des lettres de la C. de J., reçues au mois de décembre 1585. Dole, Jean Poyure et Jean Ravoillot, 1587, 8°, feuillets 99.

Bibl. Mazarine.

33. **Fedrici** (Cesar Del). Viaggio nell' India orientale, 'et oltrà l' India, nel quale si contengono cose dilettevole del riti e del costumi di quei paesi, e insieme si descrivono le spetiarie, droghe, gioie e perle, che d'essi si cavano. Venetia, And. Muschio, 1587, 12°.

Bibl. de la Marine.

34. **Avvisi** della Cina e Giapone del fine dell' anno 1586, con l'arrivo delli signori Giaponesi nell' India. Cavati dalle lettere della C. di G., ricevute il mese di ottobre 1588. Roma, Zannetti, 1588, 8°.

Lettres du Japon : Frois, octobre 1580. Gomez, octobre 1586. Valignano, décembre 1587.
Les originaux en Evora.

— Brescia, Vincenz. Sabbio, 1588, 8°, ff. 24.
— Et sous le titre de : Avvisi, etc., del fine de anno 1587, etc. Venezia, Giolito, 1588, 8°.
— Anversa, 1589, 8°.
— En latin : Narrationes rerum indicarum ex litteris Patrum Soc. J. desumptæ, ac ex italico serm. in lat. traductæ, interprete Gulielmo Huysmans. Lovanii, ex. offic. Masii, 1589, 12°.
— En français : Advertissement des royaumes de la Chine et du Japon, avec le retour des princes giaponais aux Indes. Lyon, 1588, 8°.
— En espagnol : Avisos de el fin de 1587. Madrid, 1589, 12°.

35. **Ragguaglio** d'un notabilissimo naufragio cavato d'una lettera del P. Pietro Martinez, scritta da Goa al molto R. P. Generale, della C. di G. alli 9 di decembre 1586. Roma, Franc. Zannetti, 1588, 8°, pp. 58.

Le P. Franco donne des extraits de l'original. — Le P. Pedro Martins, né à Coimbre en 1542, évêque du Japon, mort à Goa en 1598.

— En latin dans Hayus, p. 656.
— En français : Recueil d'un fort notable naufrage tiré des lettres du P. Pierre Martinez, etc. Paris, Nivelle, 1588, 8°. — A la suite se trouve :

Advertissement de l'état de la religion ès pays orientaux, des Moluques, de la Chine et du Japon, envoyé par le provincial des Indes, par lettre du 14 février 1587.
— En allemand : Petri Martinez Schreiben, auss China und India an der Jesuiten general den 9 december 1586 gethan, sampt Erzehlung eines merklichen Schiffbruchs. Dillingen, 1589, 8°?

36. **Fr. Juan** Pobre, descalço de S. Francisco. Carta en que justifica, y manifesta pertenecer al rei N. S. i no a otro principe, la China, Japon, Siam, etc. Impresa de orden del rei D. Felipe II.

Le roi Philippe II régna de 1556 à 1598.

37. **Oratio** habita a Fara D. Martino Japonio, suo et sociorum nomine, cum ab Europa rediret ac patrem Alexandrum Valignanum, visitatorem Societatis Jesu, Goæ in D. Pauli collegio, pridie non. Junii, anno Domini 1587. Goæ, excudebat Constantinus Douratus Japontus in ædibus Societatis Jesu. 1588, 8°, p. 15.

Arch. du Gesù.

38. **P. Amador Rebello**, S. J. Alguns Capitulos tirados das cartas que vieram este anno de 1588 dos Padres da C. de J., que andam nas partes da India, China, Japão, e reino de Angola, impressos pera se poderem com mais facilidade comunicar a muitas pessoas que os pedem. Collegidos per o padre Amador Rebello da m. C., procurador general das prov. da India, e Brasil, etc. Em Lisboa, Ant. Ribeyro, 1588, 8°, ff. 64.

Bibl. nac. de Lisbonne, bibl. du conseiller Macedo, et de Figanière. Voir Fig., 1439.
Le P. Rebello, né à Mexamfrio en 1552, mort à Lisbonne en 1622.

39. **Carta** do padre Luis Froez, da C. de J. Em a qual da relação das grandes guerras, alterações e mudanças que ouvi nos regnos de Japão, e da cruel perseguiçao que o Rey universal alevantou contra os Padres da Companhia, e contra a christandade. Ajuntou se tamben outra do padre Organtino da mesma Comp. que escreveo das partes de Miaco. Lisboa, Ant. Alvarez, 1589, 8°.

La lettre du P. Froes est datée du 20 février 88, celle du P. Organtino . . . . Se trouvent également en Evora.
Bibl. nac. de Lisboa et Bibl. imp., O, 8°, 1678. Voir Fig., 1481.

— Réimprimé sous ce titre : Relação das grandes alteraçoēs, etc., nos annos de 87 e 88. Coimbra, Barreira, 1590, 4°.

Livraria do Archivio nac. Voir Fig., ibid.

— Traduit en italien : Lettera annale del Giapone scritta al P. generale della C. di G. alli 20 di febraio 1588. Roma, Franc. Zannetti, 1590, 8°.

Bibl. imp., O, 8°, 1681.

— En français sous ce titre : Annales indiques,

contenant la vraie narration et advis de ce qu'est advenu et succédé au Japon et aultres lieux voisins des Indes, envoyez par les PP. de la Soc. de Jésus au P. Général, en l'an 1588, nouvellement traduit en françois. Anvers, en l'imprimerie plantinienne, chez la Veuve et Jean Mourentorf, 1590, 8°, pp. 166.

40. **Gasp. Coelho.** — Annual do Japão do anno de 1588, para o Rev. P. Geral da Comp. de Gesu, escrita de Canauca ao 4 de fevereiro de 1589. (Se trouve dans le recueil d'Evora.) Trad. en italien : Roma, Franc. Zannetti, 1589, 8°.
— En allemand : 1589.
<small>De Backer, T. III, p. 254.</small>

41. **Acosta** (Joseph de), S. J. De natura novi orbis libri II, et de promulgatione Evangelii apud barbaros, sive de procuranda Indorum salute libri VI. Salmanticæ, Guillelmus Foquel, 1589, 8°.
<small>Le P. Acosta, né à Médina del Campo vers 1539, mort à Salamanque en 1600.</small>

— Salmanticæ, 1595.
— Coloniæ Agrippinæ, in officinâ Birkmannianâ, sumptibus Arnoldi Mylii, 1596, 8°.
— Lugduni, apud Laurentium Anisson, 1670, 8°.

41 bis. **Le P. Acosta** a traduit lui-même les deux parties de son oùvrage en espagnol, et les a fait entrer dans le livre suivant : Historia natural y moral de las Indias, en que se tratan las cosas notables del cielo, y elementos, metalos, plantas y animales dellos; y los ritos y ceremonias, leyes y govierno y guerras de las Indias, compuesta por el P. Joseph de Acosta. En Sevilla, por Juan de Leon, 1590, 4°.
— Barcelona y Sevilla, 1591, 8°.
— Madrid, 1608, 4°.
— — 1610, 4°.
— — 1792, 4°, 2 vol.
— En hollandais : De Acosta (Jos.) Historie naturael ende morael van de westersche Indien. Nu eerstmael uit den spaenschen in onser nederduitsche tael overgheset door J. Huyghen van Linschoten. Enchuysen, 1598, 8°.
— Amsterdam, 1624, 4°.
<small>Insérée dans le 2ᵉ vol. du Recueil des Voyages.</small>
— La version de Linschot a été traduite en allemand par Gothard Artus de Dantzig, et insérée dans le t. IX de la grande collection des frères de Bry (Francfort, 1590-1630), et dans le t. IX de l'édition latine de la même collection publiée à Francfort en 1602.
— En italien, traduit par Jean Paul Galucci... 1596, 4°.
— En français : Histoire naturelle et morale des Indes tant orientales qu'occidentales, etc., par Joseph A Costa. (Trad. par Robert Regnauld). Paris, 1598, 8°.
— Paris, Marc Orry, 1600, 8°.
<small>Bibl. imp.</small>
— Paris, Adrien Tiffaine, 1616, 8°.
— En anglais : The natural and moral history of the East and West Indies, etc. Translated from the spanish by E. G. (Edward Grimstone?) London, 1604, 4°.
— London, 1684, 4°.

42. **Aquaviva** (P. Claud.). Epistola de fine missionum orientalium, 12 januarii 1590.
<small>(Lettres des Généraux de la Cᵉ de J.)</small>

43. **Itinerario** de IV principes Japonezes, mandados á Santidade de Gregorio XIII, e de tudo quanto lhes succedeu na jornada, ate se restituirem as suas terras. Macaù no collegio da Companhia, 1590, 4°.
<small>C'est la narration du P. Valignano. Voir Fig., 1611.</small>

— Le même ouvrage en latin : De missione legatorum Japonensium ad romanam curiam, rebusq; in Europâ, ac toto itinere animadversis dialogus, ex ephemeride ipsorum legatorum collectus, et in sermonem latinum versus ab Ed. de Sande, sacerdote Soc. Jesu. In macaensi portu sinici regni, in domo Soc. J., anno 1590, 4°.
<small>Bibl. nac. de Lisbonne, et archives de Torre do Tombo. — Le P. Duarte de Sande, né à Guimaraens en Portugal, mort à Goa en 1600.</small>

— Reproduit en latin dans le volume : De trium Regum Jap. legatis. (Voir n° 28 ci-dessus.)
— Trad. de même en espagnol dans le recueil de Baxeda de Leyva (dont le titre suit).

44. **Baxeda** de Leyva. Historia del regno de Japon y descripcion de aquella tierra, y de algunas costumbres, ceremonias, y regimiento de aquel regno : con la relacion de la venida de los embaxadores del Japon a Roma, para dar la obediencia al summo Pontifice, y las cartas que dió su Sanctidad para los reyes de aquel reyno, y mas seys cartas de la China y del Japon, y de la llegada de los señores Japones a Goa.
— Çaragoça, P. Puig, 1591, 8o.
<small>Anc. cat. Salvá.</small>

45. **P. Antonio Vasconcellos.** Relação da perseguição de Japão, pelos annos de 1588 e 1589 (es sacada de tres cartas da India), imp. 1591, 8°.
<small>Pinelo, 162.</small>

46. **Lettere** del Giappone e della China degli anni 1589 e 1590. Roma, Zannetti, 1591, 8°.
— Brescia, Sabbio, 1592.
<small>Contient : Frœs, 24 février et 22 juillet 1589; Perez, 2 lettres sans date. Les originaux en Evora.</small>

— Traduit en français : Paris, Cavellet, 1592, 8°.
— Sommaire des lettres du Japon et de la Chine, des années 1589 et 1590, escrites au R. P. général de la C. de J. Douay, Vᵉ I. Boscard, 1592, 12°, pp. 224.
<small>Bibl. de la Prop. de la Foi.</small>

47. **Emmanuelis** Alvari e Societate Jesu. De institutione grammatica libri III. Conjugationibus accessit interpretatio Japonica. In collegio

amacusensi Societatis Jesu. Anno 1593, 4°, feuillets 170.

<small>La conjugaison des verbes réguliers est divisée en 3 colonnes : latin, japonais et portugais. Le reste de l'ouvrage est en latin.
Le P. Alvares né dans l'Ile de Madère en 1526, mort à Evora en 1582.</small>

48. **Cartas** do Japam, nas quaes se trata da chegada a quellas partes dos fidalgos japoēs que ca vierão, da multa christandade que so fez no tempo da perseguição do tyrano, das guerras que ouve, e de como Quambacudono se acabou de fazer senhor absoluto de 66 regnos que ha no Japão, e de outras cousas tocantes as partes da India, e ao grão Mogor. Lisboa, Simão Lopez, 1593, 8°, feuillets 64.

<small>Bibl. nat. de Lisbonne. Voir Fig., 1478.</small>

49. **Copia** di due lettere annue scritte dal Giapone del 1589 e 1590; l'una dal P. vice-provinciale (*Gasp. Coelho*) al P. Alessandro Valignano, l'altra dal P. Luigi Frois al P. Generale della C. di Giesu. E dalla Spagnuola nella Ital. ling. tradotte dal P. Gasp. Spitelli della med. compagnia. Roma, Luigi Zannetti, 1593, 8°, pp. 125.

<small>Datées 7 octobre 89 et 42 octobre 90. Le P. Spitelli, né à Campli (États-Romains), vers 1500, mort à Rome en 1640.</small>

— En français : Lettres annuelles écrites du Japon l'an 1589 et 1590, du vice-provincial au P. Alexandre Valignano, et du P. Loys Froes au P. général de la C. de J. Paris, Hier. de Marnef et veuve Guill. Cavelet, 1593, 8°.

<small>Bibl. de l'Arsenal.</small>

50. **Ragguaglio** d'alcune missioni dell' Indie Orientali e Occidentali, cavato da alcuni avvisi scritti gli anni 1590 e 1591 da i PP. Pietro Martinez, provinciale dell' India orientale, Giov. d'Atienza, provinciale del Perú, Pietro Diaz, provinciale del Messico, al P. Generale della C. di G., e raccolto dal P. Gasparo Spitilli (sic), de la med. Compagnia. Roma, Luigi Zannetti, 1592, 8°, pp. 63.

<small>Contient seulement 4 petites lettres sur le Japon : 2 de D. Michel, ambassadeur, 1 de D. Protais d'Arima, 4 de D. Sancho d'Omura, et un extrait d'une lettre du P. Valignani du 18 février 1591.</small>

— Sous ce titre : Ragguaglio d'alcuni avisi notabili dell' Indie, etc., Roma et Bologna, V. Bonacci, 1593, 8°.

— En latin : Brevis et compendiosa narratio Missionum quarumdam orientis et occidentis, excepta ex quibusd. litteris à PP. Petro Martinez, etc. Antuerpiæ, Nutius, 1593, 8°, pp. 52.

<small>Les lettres ci-dessus se trouvent en Hayus, pages 409 à 447.</small>

— En français : Bref discours d'aucunes missions, tant d'Orient que d'Occident, tiré d'aucunes lettres des PP. Pierre Martinez, etc. — Douai, V° J. Boscard, 1593. 12°, feuillets 42 non numérotés.

— Recueil de quelques missions des Indes orientales et occidentales, extraits d'aucuns avertissemens, écrits ès années 1590 et 1591, par les PP. Pierre Martinez, etc. Lyon, Pillehotte, 1594, 12°.

— Recueil de tout ce qui s'est fait au consistoire assemblé à Rome par N. S. P. le Pape Grégoire XIII, où feurent reçus les ambassadeurs de 3 rois du Japon, et prestèrent publiquement obéissance à Sa Sainteté, le 23 mars l'an 1585. Auquel nouvellement est cy joint un bref discours d'aucunes missions tant d'Orient que d'Occident, tiré de certaines lettres écrites les ans 1590 et 1591, envoyées au R. P. général de la C. de J., avec autres lettres desdits trois rois du Japon, écrites à Sa Sainteté, sur leur retour au Japon, tourné du latin en notre vulgaire, par le seigneur de Bettencourt, etc. Douai, V° J. Boscard, 1593, 12°. La partie concernant le Japon contient feuillets 38 non numérotés.

<small>Bibl. de la Propag. de la Foi.</small>

51. **Catéchisme** de Fr. Luis de Grenade, sous le titre de *Fides no doxi toxite*. Imprimé en japonais en 1593 (en lettres latines).

<small>Gomez, ann. de 1593.</small>

52. **Horat. Tursellini** è Soc. J. De Vita S. Francisci Xaverii qui primus è Soc. Jesu in India et Japonia Evangelium promulgavit. Romæ, ex typogr. Gabiana, 1594, 8°, pp. 393.

<small>Le P. Torsellino (Tursellinus), né à Rome en 1545, mort à Rome en 1599.— Minerve.</small>

— Romæ, typis Zanetti, 1596, 4°.

<small>La première édition contenait 4 livres, la seconde en contient 6.</small>

— Antuerpiæ, ex offic. Joachimi Trognæsii, 1596, 8°.
— Leodii, ex off. Henrici Houy, 1597, 12°.
— Lugduni, 1607, 8°.
— Coloniæ Agripp., apud Joannem Kinckium, 1610, 12°.
— Cameraci, ex off. Joannis Riverii, 1621, 12°.
— Duaci, ex off. Joannis Bogardi, 1621, 8°.
— Col. Agripp. apud Joan. Kinckium, 1621, 12°.
— Monachii ex typ. Hertsroyana apud Cornel. Leysserium, 1627, 24°.
— Rothomagi, 1676, 12°.
— Viennæ, 1744, 4°.
— Bononiæ, 1746, ap. Thom. Colli, 8°.
— Aug. Vindel. et Œniponti, sumptibus Josephi Wolff, 1752, 8°.
— Aug. Vindel. sumptibus Nicolai Doll, 1797, 8°.
— En castillan : Historia de la entrada de la christianidad en el Japon, China, y otras partes, traducida del latin del Padre H. Tursellino (par le P. Pedro de Guzman), 1690, 4°.
— Augmentée par le P. Francisco Martinez, de la C. de J., Valladolid, 1603, 4°.
— En italien : trad. par Ludovico Serguglielmi, Firenze, Cosimo Giunti, 1605, 4°.

— Milano, Girolamo Bordone, e Pietro martire Locarni compagni, 1606, 4°.
— Firenze, 1612, 4°.
— En français, par le P. Martin Christophe, de la C. de J. de Mons. Douai, Balt. Bellère, 1608, 8°.

<small>Le P. Christophe, né à Tours en 1585, mort à Cambrai en 1615.</small>

— Et aussi par le P. Michel Coyssard, 1612, 8°.

<small>Le P. Coyssard, né à Besse en Auvergne, en 1547, mort à Lyon en 1623.</small>

— En anglais (par le P. Fitz-Herbert?) — Paris, 1632, 4°.
— Et en allemand, par Martin Huber, chanoine d'Habsburg. — München, Seb. Rauch, 1674, 4°.

53. **Lettera** del Giapone degli anni 1591 e 1592, scritta al R. P. generale della C. di G., e dalla spagnuola nella italiana lingua tradotta, dal P. Ubaldino Bartolini della Comp. medesima. Roma, Luigi Zannetti, 1595, 8°, pp. 184.

<small>Du P. Luis Froes, datée de Nangasaki, 1er octobre 1592. L'original portugais en Evora.</small>

<small>Le P. Bartolini, mort à Sienne en 1606.</small>

— Milano, Ponzio, 1595.
— En français : Lettre du Japon des années 1591 et 1592 au R. P. général de la C. de J., et tournée d'espagnol en Italien, par le P. Ubaldino Bartolini de la mesme Compagnie; et maintenant en notre langue vulgaire sur l'exemplaire imprimé à Rome, par Louys Zannetti, 1595, par le seigneur de Bettencourt, gentilhomme de la maison du Roy. Douay, Jean Bogart, 1595, 12°, pp. 113.
— En latin : Litteræ annuæ Japonenses anni 1591 et 1592. Quibus res memoratu dignæ, quæ novis Christianis ibidem toto biennio acciderunt, recensentur, a P. Ludovico Froes ad R. P. generalem S. J. conscriptæ, nunc vero ex lingua italica in latinam a quodam ejusdem Soc. traductæ. Coloniæ Agrippinæ, Henric. Falckenburg, 1596, A la fin : Coloniæ, typis Lamberti Andreæ, anno 1596, 8°, pp. 174.

<small>Cette lettre se trouve au Recueil d'Hayus, pp. 118-202.</small>

<small>Plusieurs traductions anonymes des lettres annuelles, publiées à Cologne et Mayence entre les années 1595 et 1605, doivent être attribuées au P. Jean Buys (Busæus), mort à Mayence en 1611.</small>

54. **Dictionarium** latino-lusitanicum et japonicum, ex Ambr. Calepini volumine depromptum in quo omissis nominibus propriis tàm locorum quàm hominum, ac quibusdam aliis minùs usitatis omnes vocabulorum significationes elegantioresque dicendi modi apponuntur. — In Amacusâ, in collegio japonico Soc. J., 1595, 4°.

<small>Vendu 650 fr., Langlès. — Se trouve à la bibl. de l'Institut.</small>

55 **Traslado** fiel y verdaderamente sacado de una carta original del padre Fray Pedro Baptista, comissario de los Padres Franciscos en Japon, escrita a uno de su religion.

<small>3 feuillets f° imprimés à Madrid. — La lettre est datée de Méaco, 17 novembre 1596. — Elle occupe 2 feuillets; le 3e feuillet contient les témoignages de l'authenticité. (Arch. du Gésu.)</small>

56. **Francisci** Xaverii epistolarum libri IV ab Horatio Tursellino ex hispanico in latinum converso. Romæ, typis Aloysi Zannetti, 1596, 4°.
— Rhedonis, 1596, 12°.
— Moguntiæ, ap. Balt. Lippium, sumptibus Arnoldi Mylii, 1600, 8°.
— Burdigalæ, ap. Petrum de la Court, 1628, 8°.
— Sancti Francisci Xaverii epistolarum libri IV, novâ quarumdam accessione. Ab Horatio Tursellino è Soc. J. in latinum converai ex hispano. — Lugduni apud Francisc. Labottière, ex typographiâ Antonii Zullieron, 1650, 12°.
— Traductions françaises : la 1re en 1598.....
— La 2e, par Louis Abelly sous le titre de : Lettres du B. père S. François Xavier, de la C. de J., apôtre du Japon, trad. par un père de lad. C. Paris, Cramoisy, 1628, 8°.

<small>Publié par la maison Professe de S. Xavier, à Bordeaux.</small>

— La même, par Louis Abelly, Paris, 1660.

56 bis. S. P. Francisci Xaverii, e Soc. Jesu, epistolarum libri IV, ex hispano in latinum conversi ab Horatio Tursellino, ejusd. Societ. Jesu sacerdote. Editio novissima, recensita, et epistolarum summariis aucta. Antuerpiæ, ex officina Plantiniana Balthasaris Moreti, 1657, 12°. Appendix sive liber V Epistolarum S. P. Francisci Xaverii... A Petro Possino ejusd. Soc. Jesu nunc primum ex autographis partim hispanicis, partim lusitanicis, latinitate et luce donatarum, 24°, pp. 357.

<small>L'appendice est sorti des mêmes presses, mais sans nom d'imprimeur et sans date; il n'y a qu'un faux titre.</small>

<small>Le P. Poussines (Possinus), né en 1609, à Lauran près Narbonne, † à Toulouse en 1686. — Le P. Poussines est aussi l'auteur de : Dissertatio de anno natali S. Francisci Xaverii, prioribus emendatior. Insulis Franc. Fievet, 1680, 12°, pp. 117.</small>

— Antuerp. Balt. Moretus, 1659, 24°.
— Parisiis, apud Seb. Cramoisy, 1661, 8°.
— S. Francisci Xaverii epistolæ novæ 18, ex archetypis lusitanicis et hispanicis latinitate donatæ. Romæ, apud Varesium, 1661, 8°
— S. Francisci Xaverii e Soc. J. Indiarum apostoli novarum epistolarum libri VII nunc primùm ex autographis, partim hispanicis, partim lusitanicis, latinitate et luce donati à Petro Possino ejusdem Soc. Romæ, ex typ. Varesii, 1667, 8°.
— Pragæ, 1667, 8°.
— Lugduni, Aut. Molin, 1682, 12°.
— Sancti Francisci Xaverii... Epistolæ veteres per quinque, e novæ per septem libros distinctæ, ex ipsismet autographis manu S. Xaverii hispanico vel lusitanico idiomate conscriptis, et à P. Horatio Tursellino, et a P. Petro Possino

ejusdem Soc. Sacerdotibus latinitate ac luce donatæ, postea nova cum archetypis in Indiis, aliisque terræ partibus pacta collatione accuratius emendatæ. Pro appendice accedit relatio de statu Japoniæ brevis et curiosa a P. Adamo Weidenfeldt Coloniensi, e Soc. J. conscripta, et nuperrimé Tyrnaviæ impressa.—Coloniæ Agrippinæ, apud heredes Jo. Weidenfeldt et Jo. God. de Berges, 1692, 12°, pp. 864, et 58 pour la lettre du P. Weidenfeldt.
— Version italienne, par le P. Jos. Ant. Patrignani. — Venezia, 1716.
— Version espagnole, par Cutillas.—Madrid, 1752.

56 ter. S. Francisci Xaverii e Soc. J., Indiarum apostoli epistolarum omnium libri quatuor ex Petro Maffejo, Horatio Tursellino, Petro Possino et Francisco Cutillas. Accedit denuo earum chronotaxis; tùm index multiplex, et appendix opera R. M. (*Rochi Menchiacæ*), olim Soc. J. sacerdotis in Castellana provincia.—Bononiæ, ap. Gasparem de Franciscis. 1795, 8°, 2 vol.
— Deux traductions françaises : 1re : Lettres de S. François Xavier, apôtre des Indes et du Japon, traduites sur l'édition latine de Bologne de 1795, précédées d'une notice historique sur la vie de ce saint, et sur l'établissement de la Cie de Jésus, par A. M F. (Faivre).Lyon, 1828, 8°, 2 vol.
— Lettres des missions du Japon. Supplément aux lettres du P. Fr. X., par A. M. F. (Faivre). Lyon, 1830, 8°.
— 2e : Lettres de S. François Xavier, de la C. de J., apôtre des Indes et du Japon, traduites sur l'édition latine de Bologne, par M. Léon Pagès. Édition accompagnée de la vie du saint, de documents contemporains, ornée d'un portrait et de cartes. Paris, Ve Poussielgue-Rusand, 1855, 8°, 2 vol.

57. **Exercices** de S. Ignace, en latin, imprimés au Japon en 1596.
Ann. de 1596.

58. **Catéchisme** du concile de Trente, imprimé en latin, au Japon, en 1596.
Ann. de 1596.

59. Le **Contemptus** mundi (Disprezzo del mundo), du P. Stella, imprimé au Japon en latin et en japonais, en 1596.
— Et réimprimé en 1614.

60. **Linschooten** (Jan Huygen van). Ses voyages. 1re édition hollandaise. Amsterdam, f°. 1596.
— Autres éditions en 1601, 1644, etc.
— Anvers, Cornelis Woons, 1646, 8°.
— Édition anglaise. London, f°, 1598.
— Autre édition anglaise trad. par T. F. Paris, 1632, 4°.
— Éditions latines : La Haye, f°, 1599.
— Amsterdam, f° 1614.
Linschoot occupe les 2e, 3e et 4e parties du recueil de de Bry.
— Éditions françaises : Amsterdam, f°, 1610.
— f°, 1619.

— f°, 1638, avec de belles cartes.
— Le grand routier de mer, attribué à Linschoot. Traduit du portugais en hollandais.
En voir le détail dans Kaempfer. T. 1.

61. **Littera** annua del Giapone dal marzo del 1593, sino al marzo del 94. (Dal P. Pietro Gomez). Trad. dal P. Gio. Batt. Peruschi Romano, della C. di G.—Roma, Luigi Zannetti, 1597, 8°, pp. 141.
Datée de Nangasaki, 15 mars 1594. Le P. Pedro Gomez, né à Antequera (dioc. de Séville), mort au Japon en 1600. — Le P. Peruschi né à Rome vers 1525, mort à Rome en 1598.
— Milano, nella bottega del qu. Pacif., Ponzio, 1597, 8°, pp. 120.

62. **Copia** di due lettere scritte dal P. Organtino Bresciano. trad. dal P. Gio. Batt. Peruschi. Roma, Zannetti, 1597, 8°.
La 1re datée 29 septembre 1594 ; la 2e, 14 février 1595.
— Ces deux lettres se trouvent aussi, en italien, dans le recueil intitulé : Informazione del regno e stato del gran re di Mogor... Cavata della relazione e de molti particolari havuti di là l'anno del 1592, e del 94 e 95. Raccolta per il R. P. Gio. Batt. Peruschi. Roma, Luigi Zannetti 1597, 8°.
— Trad. en latin : Hist. relatio de potentissimi regis Mogor ;... deinde de omnium Japoniæ regnorum, quæ uni nunc monarchæ Quabacundono parent, proxima ad regnum Christi conversione. Collecta ex epistolis anno 1592, 93 et 95, inde datis, à R. P. Joanne Baptista Peruscho Romano, Soc. Jesu. Moguntiæ, ex offic. typogr., Henrici Breem, 1598, 8°.
Le P. de Backer (t. I, p. 525) désigne ces lettres sous le titre de : Littera annuale del Giapone del 1594 e di 1595. Roma, Zann., 1597.
Se trouvent aussi dans Hayus, p. 209 à 232, sous le titre : Hist. relatio de omnibus Jap. regnis.
— En français : Copie de deux lettres du P. Organtino Bresciano de la C. de J. escrittes en la ville de Méaco, ès isles et royaume de Japon. A Anvers, chez Joachim Trognesius, 1597, 12°, pp. 64.
— Se trouvent aussi dans : Advis moderne de l'Estat et grand royaume de Mogor. Trad. de l'ital. Paris, P. Du Pré, 1598, 8°.

63. **Ragguaglio** della morte di Quabacundono. Roma, 1597, 8°.
Du P. Luis Froes, octobre 1595.

64. **Copia** d'una lettera annua scritta dal Giappone nel 1595. Roma, Zannetti, 1598, 8°.
Du P. Luis Froes, 20 octobre 1595, trad. par le P. Gasp. Spitelli di Campli.
— Nova relatio historica de statu rei christianæ in Japonia et de Quabacundoni trucidatione, binis epistolis, a R. P. Aloysio Frois, Soc. J., anno 1595 datis, comprehensa, nunc ex italico idiomate in latinum traducta. Moguntiæ, ex of-

ficina typographica Joan. Albini, 1598, pp. 93.

<small>Ces deux lettres se trouvent aussi dans Hayus, pp. 233-268.</small>

— En allemand : Lodoici Froys Jahrschreiben auss Japonia, was darin in anno 1596 aussgericht, und vom schrecklichen Ableiben Quabercunden und seines Anhangs. Meintz, 1598, 4°.

65. Cespedes (Jérôme). De la persecucion del Japon, en los años de 1596 y 1597, y del estado de su cristiandad.

<small>Ouvrage composé par le P. Jérôme Cespedes, au Mexique, selon le P. Colio, Hist. de Filipinas.</small>

66. Compendio de algunas cartas que este anno de 1597, vierão dos Padres da Companhia de Jesus, que residem na India, e corte do Grão Mogor, e Regnos da China, e Japão, e no Brasil. Lisboa, Alex. de Siqueira, 1598, 8°.

<small>Debacker, T. II.</small>

67. Relatione mandata da D. Francisco Teglio governatore delle isole Filippine, intorno il martirio de i sei fratri spagnuoli dell' ordini di S. Francisco, crocifissi nel Giappone, l'anno de 1597, con altre persone Giapponese. Roma, 1598, 8°?

— En français : Relation envoyée par D. Francisco Teillo, gouverneur et capitaine général des iles Philippines touchant le martyre de six religieux espagnols. Paris, Leger de Las, 1609, 8°.

68. Benedicti XIV. De servorum Dei beatificatione, et beatorum canonizatione.

<small>Au 3e livre, appendice 2, se trouve la relation des auditeurs de Rote sur le martyre de 1597.</small>

69. Bollandus. Actes des saints au 5 de février, pour le même martyre.

70. Fr. Pedro Pobre, Descalço de san Francisco : Dibujo de la Historia de los 26 martires del Japon, en un pliego de Geroglificos. Copié par le P. Juan de S. Antonio, dans sa Bibliothèque des Mineurs déchaussés, fol. 228 et 229.

<small>Le Fr. Pedro Pobre était directeur de la canonisation à Rome, et publia à Rome en 1627 un abrégé de son travail.</small>

71. Fr. Inocencio napolitano, déchaussé de saint Francois, l'Office des 23 martyrs du Japon, selon Wadingue, f°. 188.

72. Jésus. Cartas que os Padres e irmãos da C. de J. escreverão dos regnos de Japão e China, nos da mesma companhia da India, e Europa, desdo anno de 1549, ate o de 1580. 1re tomo. Nellas se conta o principio, sucesso e bondade da Christandade daquellas partes e varios costumes, e falsos ritos da gentilidade. Impressos por mandado do Reverendissimo em Chr. Padre Dom Theotonio de Bragança, arcebispo d'Evora. Em Evora, por Manoel de Lyra, anno de 1598.

— Segunda parte das cartas de Japão que escreverão os Padres, e Irmãos da Comp. de Jesu. Sans feuille de titre, f°.

<small>Recueil très-complet et qui contient les admira-</small>

bles lettres écrites, pendant 40 ans, par les premiers missionnaires du Japon.
<small>Bibl. nationale et autres à Lisbonne. — Se trouve à Paris et à Rome.</small>

73. Opuscule du P. Pedro Gomez, sur l'Excellence du martyre, imprimé en caractères japonais, à Amacusa, en 1598.

<small>Paez lettre de 1598, Guerreiro, ann. de 1603.</small>

74. Mariz. Dialogos de varia historia em que sumariamente se referen muytas cousas antiguas de Hespanha : et todas as mais notaveis qu'em Portugal acontecerão en suas conquistas. Coimbra, 1598, 8°.

75. Voyages des Hollandais autour du monde. Olivier de Noort, 1598. (2e partie de Hulsius, et Voyages des Indes, t. III.)

76. De Bry (Johan. Theod. et J. Is.). Collection des Petits Voyages : 1598-1613, f°, 2 vol.

— Secunda pars Indiæ orientalis, in quâ Johan. Hugonis Lintschotani navigatio in orientem, etc., nunc latinis item auribus latinè utcumque reddita ; enuntiavit Teucrides Annæus Lonicerus : item icones Francfordii, Wolffgangus Richter, 1599.

— Tertia pars Indiæ orientalis : quâ continentur : 1° Secunda pars, navigationem Joh. Hug. Linschotani in Orientem, etc. Francfordii, Matth. Beckerus, 1601 ; etc.

— Indiæ Orientalis pars decima quâ continetur Historica relatio sive descriptio novi ad aquilonem transitus suprà terras americanas in Chinam atque Japonem ducturi, etc., Francofordii, Vidua M. Beckeri, 1613.

77. Guia do pecador (du Fr. Luis de Grenade), imprimée au Japon, en langue et caractère du Japon. In collegio japonico Societatis Jesu. Ann. 1599, f° p°.

<small>Collège romain et Bibl. impériale.</small>

78. Martins (P. Pedro), S. J. Carta em que narra o martyrio dos religiosos franciscanos, e Jesuitas crucificados no Japão, á 5 de fevereiro de 1597, escrita ao provincial das Filipinas.

— En italien. Roma, Nicolao Mutti, 1599, 8°.

<small>Le P. Juan de S. Maria l'a inséré dans sa relation de ces martyres. Voir l'art. suivant.</small>

79. Relacion del martirio que VI Padres descalços Franciscos, y veinte Japones christianos padecieron en Japon. Hecho por Fr. Juan de Santa-Maria, provincial de San Joseph de los descalços. Madrid, Varez de Castro, 1599, 8°.

<small>Bibl. Mazarine.</small>

— Relacion del martyrio que seis Padres Franciscanos, tres hermanos de la Compañia y diez y siete Japones christianos padecieron en el Japon, por Frey Juan de Santa Maria. Madrid, 1601, 8°.

— — En latin, sous ce titre : Acta BB. martyrum Japonensium, Matriti, 1601, 8°.

— Madrid, 1628, 8°.

— En italien traduit par le P. Joseph de Sainte-Marie, du même institut (d'après Pinelo). Roma, 1599, 8°.
Bibl. Barberini, à Rome.
Wadingue attribue cette version à Fr. Jean de Sainte-Marie, et Sbaraglia à François de Sainte-Marie. — Se trouve en la trad. par Barretti? de la chrétienté de S. François (Prov. de S. Joseph) : 4° partie, l. 10, c. 56 à 76. (Sbaraglia.)

80. **Relatione** della gloriosa morte di XXVI posti in croce per comandamento del Re di Giappone, alli 5 di febraro 1597, de' quali VI furno religiosi di San Francesco, III de la Compagnia de Giesù, e XVII Christiani Giapponesi ; mandata dal P. Luigi Frois alli 15 di marzo al R. P. Claudio Acquaviva, generale di detta Compagnia ; e fatta in italiano dal P. Gasparo Spitilli di Campli della medesima Compagnia. Roma, Luigi Zannetti, 1599, 8°, p. 110.
— Bologna, Her. Rossi, 1599, 8°.
— Roma, Zannetti, 1609, 8°.
— En français : Histoire de la glorieuse mort de vingt-six chrestiens, etc. Rouen, 1600, 12°.
Bibl. imp., O. 8°, 1685. 5.
— Récit véritable de la glorieuse mort de vingt-six chrétiens mis en croix par le commandement du roi du Jappon, le 5 février 1597. Paris, 1604, 12°.
Sorbonne.

81. **Trattato** d'alcuni prodigii occorsi l'anno MDXCVI nel Giapone. Mandato dal P. Luigi Frois, della C. di G. Tradotto in italiano dal P. Francesco Mercati Romano, della stessa compagnia. Roma, Luigi Zannetti, 1599, 8°, p. 87.
La lettre est datée de Nangasachi, 28 décembre 1596.
Le P. Mercati, né à Rome en 1541, mort après 1584.
Couvent de S. Isidoro à Rome.

82. **Lettera** annua del Giappone dell' anno 1596, scritta dal P. Luigi Frois, al R. P. Claudio Acquaviva, generale della Compagnia di Giesù. Tradotta in italiano dal P. Francesco Mercati Romano, della stessa Compagnia. Roma, Zannetti, 1599, 8°, pp. 269.
Datée 13 décembre 96.
— En français : Lettres du Japon de l'an 1596, escrittes par le P. Loys Frois, au P. Cl. Aquaviva. Lyon, 1601, 8°.
— Relations des PP. Louys Froes et Nicolas Pimenta de la C de J. au R. P. Claude Aquaviva, général de la m. C., concernant l'accroissement de la foy chrétienne au Jappon et autres contrées des Indes orientales ès années 1596 et 1599, trad. du latin, imprimée à Rome. Lyon, Jean Pillehotte, 1602, 8°.
Bibl. de la Propag. de la Foi.

80, 81 et 82 bis. En latin les 3 ouvrages précédents. De rebus Japonicis historica relatio, eaque triplex: I. De gloriosa morte 26 crucifixorum. II. De legatione regis Chinensium ad regem Japoniæ, et de prodigiis legationem antegressis. III. De rebus per Japoniam, anno 1596, a R. P. Soc. Jesu durante persecutione gestis, a R. P. Ludovico Frois, Soc. J. ad R. P. Claudium Aquavivam, ejusd. Soc. præpositum generalem missa : et ex Italico idiomate Moguntiæ in latinam linguam translata. Moguntiæ, ex officina typographica Joannis Albini, 1599, 8°, pp. 314 sans l'ép. dédicatoire.
Les trois relations sont également dans le recueil d'Hayus, p. 289 à 343, 344 à 363, et 384 à 492.
La première seule se trouve dans Bolladus aux Actes de Février, T. 1, p. 742.
— En allemand, les trois pièces : Drey Japonische Schreiben von 26 geistlichen und weltlichen, am Kreutz getödteten Personen, von etlichen wunderzeichen und Verrichtung der Jesuiter, anno 1596, in Japonia. Mainz, Albinus, 1599, 4°.

83. **Informaciones** hechas en el Japon ; una de la hacienda, i efectos, que Taicosama hiço tomar en la nao San-Felipe, que se perdió en el puerto de Urando, reino de Tosa: i otra, de la muerte de 12 religiosos dominicos, tres PP. de la Compañia de Jesù, i 17 Japones martyres. Imp. 1599. fol. i esta autenticada por tres escrivanos, en la libreria de Barcia.
Pinelo, 1611.

84. **Historia** da vida do padre Francisco de Xavier, e do que fizerão na India os mais religiosos da Companhia de Jesu, composta pelo padre Joam de Lucena da mesma Companhia. Lisboa, Pedro Craesbeeck, 1600, f°.
Le P. Lucena, né à Trancoso en 1550, mort à Lisbonne en 1600.
— Deuxième édition, publiée par les soins de Bento José da Souza. Lisboa, Ant. Gomez, 1788, 8°, 4 vol.
— Traduite en castillan par le P. Alonso de Sandoval, de la C. de J. Séville, Francesco de Lyra, 1619, 4°.
— Et en italien par le P. Luigi Mansoni, de la C. de J. Roma, Bart. Zannetti, 1613, 4°, pp. 690.
Le P. Luigi Mansoni, né à Palerme en 1546, mort en 1610.
— — 1642, 4°.
— En latin, imprimé à Séville.....

85. **Copia** d'una breve relatione della christianità di Giappone, del mese di marzo del 1598, insino ad ottobre del medesimo anno, e della morte di Taicosama, signore di detto regno. Scritta del P. Francesco Pasio... E dalla portoghese tradotta nella lingua italiana dal P. Gasparo Spitilli di Campli, della C. med. Venezia, Ciotti, 1600, 8°.
L'original portogais manuscrit se trouve au Gesù de Rome : il a pour titre : Breve et sumaria informação do estado da Xpandade de Japão começando desde março de 1598, ate o principio do outubro de mesma afic. Signé Per mandado do P° V. Provincial, Francesco Pasio. — Cette lettre est datée du 3 octobre 1598.
A la suite de la copie imprimée se trouve avec la même paginatiou :

— Alcuni avvisi di edificatione mandati da Giappone dal P. Pietro Gomez, V. Prov., del l'anno 1598.

Sans autre date. Du même traducteur. Après les deux pièces ci-dessus sont deux lettres sur la Chine et le Mogor.

— Venezia, 1601, 8°.
— Roma, Luigi Zannetti, 1601, 8°.
— En latin les deux pièces en Hayus, pp. 493 à 504 et 505 à 512.
— En latin : lettres de 1591 à 1600. Moguntiæ, Coloniæ Agrippinæ et alibi, 1601, 8°.

Avec la relation de la mort de Taicosama.

86. **Historia** de los reynos de la gran China, Tartaria, Cochinchina, Malaca, Sian, Camboxa, y Japon, y de lo sucedido en ellos a los religiosos descalços, de la orden del Seraphico padre S. Francisco, de la provincia de San-Gregorio de las Philippinas. Compuesta por Fray Marcello de Ribadeneyra, descalço de la orden del Seraphico padre S. Francisco. Barcelona, Graells, 1601, 4°.

— — 1613, 4°.
Bibl. impériale.
— — 1654, f°.

86 bis. M. de Ribadeneyra. Vida y hechos de los martyres que han padecido en el Japon. 1602, 4°.

Extrait du précédent ouvrage inséré par le P. Pedro de Ribadeneyra dans ses Vies des Saints.

87. **Historia** de las missiones que han hecho los religiosos de la Compañia de Jesus, para predicar al sancto Evangelio en la India oriental, y en los regnos de la China y Japon ; escrita por el padre Luis de Guzman, religioso de la misma Compañia. Primera parte, en la qual se contienen seys libros, tres de la India oriental, uno de la China, y dos de Japon. Segunda parte, en la qual se contienen siete libros con los quales se remata la Historia de los regnos de Japon, hasta el año de MDC. En Alcala, por la biuda de Juan Gracian, 1601, f°, 2 vol.

A la fin de l'ouvrage se trouve :
— Tradado de algunas cosas que se imponen a la compañia de Jesus, y religiosos della.
Bibl. imp.

Le P. de Guzman, né vers 1544, mort à Madrid, en 1605.

88. **Japonica**, Sinensia, Mogorana. Hoc est de rebus apud eas gentes a Patribus Soc. J. ann. 1598 et 99 gestis. A. P. Joanne Orano, ejusd. Soc. in linguam latinam versa. Leodii, apud Arnoldum de Cœrswarenzæ, 1601, 8°. Sans pagination : dernière signature G4.

Une partie de l'ouvrage est reproduite au recueil d'Hayus.

Le P. Jean Oranus, né à Liège en 1543, mort à Mons en 1603.

89. **Relaçam** annual das cousas que fizeram os padres da companhia de Jesus na India, e Japão nos annos de 600 e 601, e do processo da conversão e christandade daquellas partes : tirada das cartas gérnes que de lá vierão, pello padre Fernão Guerreiro da Companhia de Jesus. Val

dividida em dous livros, hum das cousas da India, e outro do Japam. Evora, Manoel de Lyra, 1602, 4°.

Ce livre fait suite au P. de Gusman, qui commençait à l'origine. — Le P. Gnerreiro, né à Almodovar, en Portugal, vers 1560, mort à Lisbonne en 1617.

Bibl. imp., V° Fig., 1448.

— Traduction castillane : Relacion de lo sucedido a los Padres de la C. de J. en la India oriental, y Japon, en los años de 1600 e 1601. (Par le P. Ant. Colaço.) Valladolid, Luis Sanchez, 1604, 4°.

Le P. Colaço, né à Villa de Vidigueira (Portugal) en 1568, mort à Madrid en 1647.

90. **Diego** do Couto. Decadas IV a XII da Asia. Éditions originales. Lisboa, 1602 et années postérieures.

— Réimpression la plus complète. Lisboa, Regia offic. typogr. 1778 à 1788, 8°, 14 vol.

91. **Lettera** del P. Alessandro Valignano, visitatore della C. di Giesu nel Giappone e nella Cina, de 10 d'ottobre del 1599. Roma, Luigi Zannetti, 1603, 8°.

— Milano, per l'erede del qu. Pacif. Ponzio e Gio. Batt. Piccaglia compagni, 1603, 8°, pp. 1 à 40.

Mêmes volume et pagination :
— Soppliminato dell' annua del 1600, nel qual si da ragnaglio di quel ch'é succeduto alla christianità di Giappone, dal mese d'ottobre di detto anno, insino à febraio del 1601, dal P. Valent. Carvaglio della C. di G. pp. 41 à 102.

Le P. Val. Carvalho, né à Lisbonne vers 1560, mort auprès de Goa en 1631.

— En latin la 1re : Litteræ R. P. Alexandri Valignani Visitatoris Soc. J. in Japponiâ et Chinâ, scriptæ 10 octobris 1599, à Joanne Hayo Dalgattiensi Scoto, ejusd. Soc., ex italico in latinum conversæ, Antuerpiæ, apud Joachimum Trognæsium, 1603, 12°, pp. 65.

— Et par André Schott. Anvers, 1607, 8°.
Bibl. imp.

— La 2e : Japponiensis imperii admirabilis commutatio exposita litteris... quas ex italis latinas fecit Jo. Hayus Dalgattiensis Scotus de ead. soc. Antuerpiæ, sumptibus viduæ et heredum Jo. Belleri, 1604, 8°, pp. 92.

— Les deux sous le titre de : De Rebus in Japoniæ regno post mortem Taicosamæ Japonici monarchi gestis epistolæ duæ ad Cl. Aquavivam. Moguntiæ, Albinus, 1603, 8°.
Bibl. imp.

Les deux lettres se trouvent aussi dans le recueil d'Hayus.

— En allemand les 2 pièces : Zwey Japonische Sendschreiben : was sich nehmlich nach Taicosamæ der gantzen Japon Oberherrn Absterben, wunderbarlich daselbst zugetragen. Mayntz, Stenius, 1603, 8°.

— Et aussi en allemand : Zwey Japponische Sendtschrieben, eins, der E. P. Alexandri Wa-

lignuni... Das ander P. Valentini Carvaglio... Mayntz, Balt. Lippen, 1603, 8°.
— En français, trad. par le P. Sollier, sous le titre de : Nouveaux advis du royaume de la Chine, du Jappon et de l'estat du roy de Mogor, successeur du grand Tamburlan, et d'autres royaumes des Indes à lui subjects, tirés de plusieurs lettres, mémoires et advis envoyez à Rome, et nouvellement trad. d'italien en françois. Paris, Claude Chappelet, 1604, 8°, pp. 264.
Bibl. imp.

Le P. François Sollier, né à Limoges vers 1558, mort à Bordeaux vers 1628.

— Et (même traducteur) sous le titre de : Discours des choses remarquables, advenues au royaume du Japon depuis la mort du roy Taicosama. Arras, Robert Maudhuy, 1604, 8°, pp. 211.

92. **Lettera** annua di Giappone, scritta nel 1601, e mandata dal P. R. Pasio V. provinciale al M. R. P. Cl. Acquaviva, generale della C. di G. Roma, Luigi Zannetti, 1603, 12°, pp. 77.
Data 30 septembre 1604.

Le P. Pacz, né à Bologne vers 1551, mort au Japon en 1612.

— Milano, her. del quond. Pacif. Ponzio et Gio. Batt. Piccaglia, 1604, 12°, pp. 77.
— Venezia, 1605, 12°.
— En latin : F. Pasius. Litteræ annuæ Japoniæ ad Claud. Aquavivam. Mogunt. Albinus, 1604, 12°.

Et dans Hayus, pp. 587-636.

93. **Vocabulario** da lingua de Japam com a declaração em portuguez, feito por alguns Padres, e Irmãos da Companhia de Jesu. Em Nangasaki, no collegio de Jupam da Companhia de Jesus. Anno 1603, 4°, 2 feuillets non numérotés et 330 numérotés. — 2 colonnes.

Vendu 639fr., Langlès. — Bibl. imp., réservé.
Le japonais est écrit en lettres européennes. Ce vocabulaire perfectionne celui de 1595, donne les sens particuliers et métaphoriques et les expressions élégantes ; il omet les noms propres de lieux, de personnes, et autres non essentiels pour apprendre la langue ; il suit l'ordre alphabétique européen, comme le vocab. de 1595 ; il distingue les expressions du Cami, du Ximo, celles de la poésie, de la littérature simple, les termes du Buppô ou doctrine païenne, enfin, les termes vils.

94. **Historia** general de la India oriental, los descubrimientos, y conquistas que han hecho las armas de Portugal, en el Brasil, y en otras partes de Africa y de la Asia ; y de la dilatacion del santo Evangelio por aquellas grandes provincias, desde sus principios hasta el año de 1557. Compuesta por Fray Antonio de San Roman, monge de San Benito. En Valladolid, por Luis Sanchez, 1603, f°.

95. **Hispaniæ** illustratæ, seu rerum urbiumque Hispaniæ, Lusitaniæ, Æthiopiæ et Indiæ scrip-

tores varii, etc. edidit And. Schottus. 1603, f°, 2 vol.

96. **Arte** da lingoa de Japam, composta pello P. João Rodriguez, Portuguez, da C. de Jesu, dividida em tres livros. Nangasaki, no Coll. da C. de J. 1604, 4°, feuillets 200, sans les prélim.
Vendu 640 fr., Langlès.

96 bis. Abrégé sous ce titre : Arte breve da lingoa Japoa tirada da Arte grande da mesma lingoa para os que começam a aprender os primeiros principios della, pello P. Joam Rodriguez. Macao, 1620, 4° p°.
Manuscrit rédigé à Macao en 1620, et destiné à l'impression (96 feuillets, 4°) ; appartient à la Bibl. imp.

— Ce dernier ouvrage traduit en français : Éléments de la grammaire japonaise, par le P. Rodriguez, traduits du portugais sur le manuscrit de la bibliothèque du roi, et soigneusement collationnés avec la grammaire publiée par le même auteur à Nangasaki, en 1604, par M. C. Landresse ; précédés d'une explication des syllabaires japonais, et de deux planches contenant les signes de ces syllabaires, par M. Abel Rémusat (ouvrage publié par la Société asiatique). Paris, Dondey-Dupré père et fils, 1825, 8°, p. XX et 142, avec planches.

97. **Belchior** Nunes Barreto. Traité des vertus et des vices. (En langue japonaise.) Nangasaki. 1604, 4°.

98. **Relacion** de las islas Filipinas i de lo que en ellas an trabaiado los padresde (sic) la compañia de Jesus, del P. Pedro Chirino de la misma compañia, procurador de aquellas islas. En Roma, par Estevan Paulino, 1604, 4°, pp. 200.
Le P. Chirino, né à Osuna vers 1556, mort à Manille en 1634.
L'ouvrage du P. Colin, comme on le verra par son titre, est composé sur le livre et les manuscrits du P. Chirino.

99. **Relação** da morte que VI Christãos Japoes padeceram pela fe de Christo, escripta e enviada a el Rey aos 20 de janeiro de 1604 (par D. Luis de Cerqueira, év. du Japon).
Impression chinoise d'un seul côté, 40 p. 4°.
Torre do Tombo. Voir Fig., 1460.

Le P. Luis Cerqueira, né en Portugal vers 1552, évêque du Japon en 1594, mort à Nangasaki en 1614.

— En italien : Relatione della gloriosa morte patita da sei christiani Giaponesi per la fede di Christo alli 25 di gennaio 1604, mandata da monsignor D. Lodovico Cerquera, Vescovo di Giapone, al R. padre Claudio Aquaviva, generale della compagnia di Giesu. Roma, Bart. Zannetti, 1607, 8°.
— Palermo, Gio. Antonio de Franceschi, 1607, 8°.
— En allemand, trad. par le P. Jean Masquera : Munster en Westphalie, 1607, 8°.
— En polonais : Cracovie, typ. N. Lob. 1608.
— En français : Histoire véritable de la glorieuse mort que six nobles chrestiens japonais ont

constamment enduré (*sic*) pour la foy de J.-C., envoyé par Monsieur Louys Cerquera, évesque du Japon, avec une autre semblable de P. Franc. Pasio..., maintenant traduit de l'italien en français. Lyon, Jean Pillehotte, 1607, 12°, pp. 116.
— Arras, Larivière, 1608, 16°.
— En flamand : Cerguera, L., en F. Passio, Niewe ende waerachtige historie van ses glorieuse Martelaers die in Japonien voor 't Catholyck geloove ghedoot zyn in 't Jaer 1604. Overgheset uyt het Françoysche door L. Makeblyde. 't Hantwerpen. 1609, 8°.

100. **Manuale** ad sacramenta ecclesiæ ministranda, D. Ludovici Cerquiera, Japonensis episcopi opera, ad usum sui cleri ordinatum, cum approbatione et facultate. Nangasaquy, in collegio japonico Societatis Jesu. 1605, petit 4°.

100 bis. Le même prélat a fait imprimer : Manuale casuum conscientiæ, Japonice versum (typis editum in parochorum usum).

101. **Lettera** annua di Giappone del 1603, scritta dal P. Gabr. de Matos, al R. P. Cl. Acquaviva, Gen. della C. de G., con una della Cina e delle Molucche. Roma, L. Zannetti, 1605, 12°, pp. 148.
La lettre du Japon, du 1er mai 1603, comprend 108 p.
— Milano, hered. di Pacif., Ponzio e Gio Batt. Piccaglia, 1606, 8°, pp. 126.
— Firenze.....
— En italien, avec celle de 1604 : Lettere annue del Giappone degli anni 1603 e 1604, 12°, Milano, 1609.
— En latin, dans le recueil intitulé : Litteræ Soc. J., anno 1602 et 3, e Sinis, Molucis, Japone datæ. Moguntiæ, Balt. Lippius, 1607. 8° pp. 259. (pp. 161-259 du recueil.)
— En français : Lettre annuelle du Japon de l'an 1603, escrite par le P. Gabriel de Matos au P. général, avec une épitre de la Chine et des Moluques, translatée d'italien en nostre langue vulgaire. Douay, Bellère, 1606, 12°, pp. 187.
Bibl. imp.

102. **Relaçam** annal das cousas que fezeram os padres da Companhia de Jesus nas partes da India oriental, e no Brasil, Angola, Cabo verde, Guine, nos annos de 1602 e 1603, e do processo da conversam, e christandade daquellas partes, tirada das cartas dos mesmos padres que de lá vieram. Pelo padre Fernam Guerreiro da mesma Companhia... Vai dividido em IV livros; o primeiro de Japão.... Lisboa, Jorge Rodriguez, 1605, 4°.
Le premier livre traite des événements du Japon, en 1604 et 1602. Bibl. imp. Voir Fig. 1448.

103. **De Rebus** Japonicis, Indicis et Peruanis, epistolæ recentiores a Joanne Hayo Dalgattiensi Scoto Soc. J., in librum unum coacervatæ. Antuerpiæ, ex offic. Mart. Nutii, 1605, 8°.
Collection très-essentielle, renferme 40 lettres en pièces de 1577 à 1601.

104. P, **Bartholome** Petrucho (sous le nom de Laurent Valla). Vie de S. François Xavier, 1605, 4°. (Lat.? ou ital.?)
Voir Alegamb., f° 58, et Sotwel, f° 107.

105. **Relaçam** annual das cousas que fizeram os padres da Companhia de Jesu nas partes da India oriental, e em algūas outras da conquista deste reyno, nos annos de 604 et 605, e do processo da conversam e christandade daquellas partes. Tirada das cartas dos mesmos padres que de la vieram, pello padre Fernam Guerreiro da mesma Companhia... Vai dividido em IV livros, o primeiro de Japam, etc. Lisboa, Craesbeeck, 1607, 4°.
Le premier livre est des événements du Japon, en 1603 et 1604. Voir Fig. 1448.

106. **Voyage** de Matelief (1607). Voyages des Indes, t. VI, p. 95.

107. **Cerqueira** (Luis). S. J., ev. du Japon.—Relação da morte de Belchior Bugendonoe Damião Cego, mortos no Japão pela Fé por mandado de Murindeno, tirano de Amanguchi, escrita a 8 de março do 1606 ao P. geral Claudio Aquaviva.
— Trad. en italien avec d'autres lettres. Roma, Bart. Zannetti, 1608, 8°.
— En polonais : Cracovie, N. Lob, 1608.

108. **Tre lettere** annue del Giappone degli anni 1603, 1604, 1605, e parte del 1606, mandate dal P. Fr. Pasio, V. P.: Roma, Bart. Zannetti, 1608, 8°, pp. 318.
La 1re, Couros, 6 octobre 1603, pp. 1-71 ; la 2e, Rod. Giron, 23 novembre 1604, pp. 72-136 ; la 3e, Rod. Giron, mars ou avril 1606, pp. 137-318.
Le P. de Couros, né à Lisbonne en 1569, mort au Japon en 1633.
— Sous ce titre : Matteo Couros e Gio. Rodriguez Giram. Tre lettere, etc. Bologna, Bellagamba, 1609, 8°.
— Milano, Pietro martyre Locarni, 1609, 8°.
— La lettre de 1606 : Rome, Zannetti, 1610.
Bibl. imp.
— En latin, les 3 lettres : Relatio historica rerum in Japoniæ regno anno D. 1603 gestarum, etc. Balt. Moguntiæ, Lippius, 1610, 8°.
— Celle de 1606, trad. par les élèves du P. Hugo : Annuæ litteræ e Japonia conscriptæ de anno 1605. Antuerp., per Joach. Trognæsium, 1611, 8°.
— En français, les 3 lettres : Lettres annales du Japon, etc. Lyon, Rigaud, 1609, 8°.
Bibl. imp.
— Trois lettres annuelles du Japon des années 1603, 1604, 1605, 1606, escriptes par le R. P. François Passius, vice-provincial de la C. de J. — Douay, Jean Bogart, 1609, 8°.
Après ce 1er titre, seulement la 1re lettre (du P. de Couros), pp. 68. — Second titre : les lettres de 1604, contenant le surplus.
Prop. de la Foi.
— La 1re seule. Paris, Chappelet, 1605, 12°.
Bibl. imp.

— Celle de 1604. Donay, 1609, 12°, pp. 231.
Prop. de la Foi.

109. Relation inédite d'un voyage au Japon (1608), par D. Rodrigo de Vivero y Velasco, gouverneur général des Philippines.

Se trouve dans la *Revue des deux mondes*, journal des voyages, 2° série, T. I et II, janvier et avril 1830. (T. I, p. 101 à 119 et 310 à 325; T. II, p. 7 à 32.)

La narration originale a été donnée dans un recueil espagnol publié d'après Jancigny, en 1839-40, et dont il n'a été imprimé que le premier volume et quelques cahiers du deuxième volume. Le manuscrit se trouve à l'Escurial, où l'auteur du recueil l'a copié en 1823.

L'*Asiatic Journal* a traduit cette relation dans son numéro de juillet 1830.

110. Histoire des choses plus mémorables advenues tant ez Indes orientales que autres païs de la descouverte des Portugais. En l'establissement et progrès de la foi chrestienne et catholique et principalement de ce que les religieux de la C. J. y ont faict et enduré pour la mesme fin, depuis qu'ils y sont entrez jusques à l'an 1600..., par le père Pierre de Jarric Tolosain de la M. C. à Bourdeaux, par S. Millanges, 1608-1610-1614, 4°, 3 vol.

Le 3° vol. contient les faits de 1600 à 1610.

Le P. du Jarric, né à Toulouse vers 1567, mort à Saintes en 1616.

— Le P. Du Jarric a publié sous le même titre un ouvrage composé différemment et renfermant non plus la substance des relations des missionnaires, mais les relations elles-mêmes. Cet ouvrage a paru à Arras, imp. de Guill. de la Rivière, 1611, 8°.

— Gilles Bauduyn, 1611. 8°. (D'après Brunet.)
— Traduit en latin par le P. Math. Martinez, sous ce titre: Petri Jarrici Tholosani, S. J., Thesaurus rerum Indicarum, etc. Coloniæ Agrippinæ, sumptibus Petri Henningii, 1615, 8°, 3 vol.

111. Historia Indiæ orientalis, par Gothard Arthus. Colon. Agr., 1608, 8°.
Bibl. imp.

112. Effigies et nomina quorumdam e Societate Jesu qui pro fide vel pietate sunt interfecti ab anno 1549 ad annum 1607. Romæ. 1608.

Nous n'avons vu de ce recueil que le titre coupé et un certain nombre d'images détachées (le numéro le plus élevé était 76.)

113. Relaçam annual das cousas que fizeram os padres da Companhia de Jesus nas partes da India oriental, e em algūas outras da conquista deste reyno no anno de 606 e 607, e do processo da conversão e christandade daquellas partes. Tirada das cartas dos mesmos padres que do viorão; Pelo padre Fernão Guerreiro da Companhia de Jesu... Vai dividido em IV livros, o primeiro da provincia de Japão, e China... Lisboa, Craesbeeck, 1609, 4°.

Le premier livre raconte les faits de 1605.
Bibl. imp. — Fig., 1448.
— Trad. italienne. (V. Ternaux, 1006.)

114. Varia historia de cousas notaveis do Oriente e da Christandade que os religiosos da ordē dos Pregadores nelle fizerão. Segunda parte composta pello P. Fr. Juan dos Santos, da cidade de Evora. Impressa no convento de S. Domingo, par Manoel de Lyra, 1609, 4°.
Catal. Langlès.

115. Premier (et second livre) de l'histoire de la navigation aux Indes orientales par les Hollandais, et des choses à eux advenues, suivi d'un vocabulaire des mots Javans et Malayts, par G. M. A. W. L. Amsterdam, Cornille Nicolas, 1609. 2 cahiers de 200 pp. f°. Nombreuses figures dans le texte.
Catal. Lenoir.

116. Le livre de l'Imitation de J. C. (désigné alors sous le titre de Gersen), traduit et publié en japonais vers l'an 1609, par Jean Camaya, qui fut martyr.

117. Voyage des Hollandais au Japon (1609). Voyages des Indes, t. VII, p. 140 et suiv.

118. Description du pénible voyage fait autour de l'univers ou globe terrestre, par Olivier de Nort, d'Utrecht, général de 4 navires, le tout translaté du flamand en françois. Amsterdam, vefve de Cornille Nicolas, 1610, f°, 61 p., nomb. figur.
Catal. Lenoir et Marcel.

119. Relaçam annal das cousas que fizeram os padres da Companhia de Jesus, nas partes da India oriental, e em algūas outras da conquista deste reyno nos annos de 607 e 608, e do processo da conversão e christandade daquellas partes. Tirado tudo das cartas dos mesmos padres que de la vierão, e ordenado pello padre Fernao Guerreiro da Companhia de Jesu... Vai dividida em sinco livros. O terceiro das provincias de Japam e China... Lisboa, Craesbeeck, 1611, 4°.
Faits de 1606 et 1607.
Bibl. imp. — Fig., 1448.

— Trad. castillane, par le D' Christoval Suarez de Figueroa. Madrid, I. R. 1614, 4°.
Bibl. imp.

— En allemand: Indiantsche newe relation, etc. Augspurg, 1614.

120. Daza (Antonio). Quarta parte de las Chronicas de la orden de S. Francisco (continuation de l'hist. des Frères mineurs de Marc de Lisbonne).—Pinciæ, apud Joan. Godinez, 1611, f°.
— (Nic. Ant.)

121. Lettera annua del Giappone del 1609 e 1610,

scritta... dal P. Gio. Rodriguez Girano, S. J. Roma, Bart. Zannetti, 1611?, 8°, pp. 147.

122. **Relationi** della gloriosa morte di IX christiani Giaponesi, martirizzati per la fide catholica ne i regni di Fingo, Sassuma, e Firando. Mandate... nel marzo del 1609 e 1610. Roma, Zannetti, 1611, 8°, pp. 117.

<small>Datées des 5 et 10 mars 1610.</small>

121 et 122 *bis*. La relation seule : Relationes de gloriosa morte novem christianorum Japonensium qui pro fide catholica in regno Fingensi, Sassumano, et Firandensi occubuerunt, a præposito provinciali Soc. J. in Japone mense Martio anni 1610 missæ, et jam primum latine redditæ. Moguntiæ, J. Albinus, 1612, 8°, pp. 119.

<small>Bibl. Mazarine.</small>

— En latin, les deux pièces réunies : Litteræ Japoniæ... 1609 et 1610. In quibus novem Japonum in regnis Fingo, Sassuma et Firando pro fide catholica interemptorum res præclarè gestæ ac mors pretiosa continentur. Vertit ex italico Romæ impresso in latinum sermonem P. Petrus Halloix, sac. Soc. Jesu. Duaci, typis Balt. Belleri, 1612, 12°, pp. 136.

<small>Le P. Halloix, né à Liége en 1572, mort à Liége en 1656.</small>

— Les lettres seules : Litteræ Japoniæ annorum 1609 et 1610, ad R. adm. piæ mem. P. Cl. Aquavivam, generalem præpos. S. J., a R. P. provinciali ejusd. in Japone Soc. missæ. Ex italicis latine factæ ab Aud. Schotto, Antuerp., ej. Soc. sacerdote. Antuerpiæ, apud Petr. et Joan. Belleros, 1615, 8°, pp. 111.

<small>Le P. André Schott, né à Anvers en 1552, mort à Anvers en 1629.
Bibl. Mazarine.</small>

— La relation en français : La glorieuse mort de neuf chrétiens Japonais, martyrisés pour la foi catholique, aux royaumes de Fingo, Sassuma et Firando, traduite de l'italien. Douay, P. Auroy, 1612, 12°.
— Paris, 1612, 12°.
— Et trad. par P. R. S. D. P. Lille, Pierre De Rache, 1615, 8°.

<small>Bibl. Mazarine.</small>

— La relation en polonais, Cracovie, 1612, 4°.

123. **Voyage** des Hollandais au Japon (1611).

<small>Voy. des Indes, T. VII, p. 142 et ss. Se trouve dans la plupart des recueils.</small>

124. **Sam. Purchas**, his pilgrimage, or relations of the world. London, 1613, f°. 3 vol.
— London, 1625, f°, 5 vol.

<small>Ce recueil contient notamment : Lettres d'Adams (1598 et ss.); relation de Saris; lettres de Richard Coks, agent de Saris jusqu'en 1620 ; lettres d'Arth. Hatch (1623).</small>

125. **Arcadmia** Giapponica del R. M. Pandulfo Ricasoli Baroni Patrizio Florentino, nella quale per modo di dialogo si provano le verita della fede catolica, e si reprovano le false opinioni de gentili trattate in tre parti. Prima parte. (*Seule parue.*) — Bologna, Her. Rossi, 1613, f°.

<small>Minerve.</small>

126. **Fernão** Mendes Pinto. Peregrinação, em que dà conta de muitas e muito estranhas cousas que viu e ouviu no reino da China, no da Tartaria, no do Sornau, que vulgarmente se chama Sião, no de Calaminhan, no de Pegú, no de Martavão, e em outros muitos reinos e senhorios das partes orientaes, de que n'estas nossas do Occidente, ha muito pouca ou nenhuma noticia. E tambem dá conta de muitos casos particulares que aconteceram assim a elle como a outras muitas pessoas. E no fim d'ella tracta brevemente de algunas cousas, e da morte do Santo Padre Mestre Francisco Xavier, unica luz e resplendor d'aquellas partes do Oriente, e reitor n'ellas universal da Companhia de Jesus, escripta por Fernão Mendez Pinto. (Corrigé et mis en ordre par F. de Andrade.) Lisboa, Craesbeeck, 1614, f°.
— Lisboa, Craesbeeck de Mello, 1678, f°.
— Lisboa occid., Jose Lopes Ferreira, 1711, f°.
— Lisboa occ., officina Ferreiriana, 1725, f°.
— Off. de João de Aquino Bulhoes, 1762, f°.
— Typog. Rollandiana, 1829, 8°, 4 tomos.
— En français, trad. par Figuier. Paris, Hénault, 1628, 4°.
— Paris, Ant. Cotinet et Jean Roger, 1645, 4°.
— — — 1663, 4°.
— Paris, Imp. roy., 1830, 8°. 3 vol.
— En espagnol, trad. par F. de Herrera Maldonado, 1620, f°.
— — 1664, f°.
— — 1690, f°.
— — 1726, f°.
— En hollandais, Amsterdam et Utrecht, 1653, 4°, pp. 420.
— En anglais, trad. par Cogin. London, 1692, f°.
— En italien .....

127. **Relacion** breve y sumaria del edito que mando publicar en todo su reyno del Boju, uno de los mas poderosos del Japon, el rey Idate Masarunne, publicando la fe de Cristo y del embaxador que embia a España, en compañia del reverendo Padre F. Luys Sotelo. Sevilla, f°, 1614.

<small>Le n° 1203 de Ternaux (publié à Toulouse, 1618, 8°), paraît en être la traduction française.</small>

128. **Lettera** annua del Giappone del 1611... scritta dal P. Giovanni Roderico Giram, della C. di G. Roma, Bart. Zannetti, 1615, 12°, pp. 120.
— Et avec l'ann. de 1612. Milano, Hered. di Pacif. Pontio, e Gio Batt. Piccaglia, 1616, 12°, ensemble pp. 238.
— La lettre de 1611 en latin, trad. par le P. André Schott..... :

129. **Relatione** della solenne entrata, fatta in

[A. 4615]   BIBLIOGRAPHIE JAPONAISE.   [A. 4616]

Roma da D. Filippo Francesco Faxicura, con il reverendiss. padre Fra Luigi Sotelo, descalzo dell' ordine Min. Osser., ambasciadori per Idate Massamune, re di Voxu nel Giapone, alla Santità di N. S. papa Paolo V, l'anno XI del suo Pontificato. In Roma, appresso Giacomo Mascardi, 1615, 4°, pp. 8.

— Relazione dell' entrata fatta a Roma da D. Filippo Francesco Faxicura, con il P. Luigi Sotelo, descalzo dell' ordine Minor. Osser., ambasciatori per Idate Massamune, Re di Voxu nel Giappone. In Roma e Firenze, 1615, 4°.

<small>Minerve-Misc. 4°, Vol. 669.</small>

— Relazione dell' entrata fatta in Roma degli ambasciatori del re del Voxu nel Giappone al papa Paolo V. In Roma, Paolo Mascardi, 1615, 4°.

<small>Minerve-Misc. 4°, Vol. 188.</small>

— En français: L'Arrivée et l'entrée pvbliqve de l'ambassadevr dv roy dv Iappon dans la ville de Rome, le 2 novembre 1615. — Envoyé par son Roy pour rendre obeyssance au pape. — Auec levr sorte d'habillements et manière de viure ayant demeuré deux ans en son voyage (sic). — A Paris, chez Joseph Guerreau, dcuant le grand porte du palais, au Griffon, près S. Barthelemy. MDCXV.

Réimprimé par M. Ternaux en ses archives des voyages, T. I, p. 158 à 160.

— Récit de l'entrée solennelle, etc. Paris, 1616, 8°.

130. **Acta** audientiæ publicæ a S. D. N. Paulo V Pont. opt. max. Regis Voxu Japoni legatis, Romæ, die 3 novembris, in Palatio apostolico apud. S. Petrum exhibitæ 1615. Romæ, apud Jacobum Mascardum, 1615, 12°, pp. 42.

<small>Se trouve aussi à la fin de l'ouvrage de Fr. Diego de S. Francisco.</small>

131. **Historia** del regno di Voxu del Giapone, e del suo re Idate Masamune, e dell' ambasciata che hà inviata alla S. di N. S. Papa Paolo V, per il Dottore Scip. Amati, interprete, e historico dell' ambasciata. Roma, Mascardi, 1615, 4°. (pp. 16 non chiffrées et 76.)

<small>Minerve-Misc. 4°, Vol. 172.</small>

— Autre édition, 1618.
— En allemand. Rothweil, 1617, 8°.

132. **Rei** Christianæ apud Japonios commentarius, ex litteris annuis Soc. J. annorum 1609, 1610, 1611, 1612, collectus, auctore P. Nic. Trigautio. Aug. Vindelic, 1615, 8°, pp. 296.

<small>Le P. Trigault, né à Douai en 1577, mort à Nanking en 1628.</small>

— En polonais. Cracovie, 1616, 4°.

133. **Historiæ** Societatis Jesu prima pars. — Autore Nicolao Orlandino, Soc. ejusdem sacerdote. Romæ, ap. Barth. Zannettum, 1615, f°.
— Coloniæ Agripp., 1615, 4°.

134. **Chronica** de la Provincia de San Joseph de los descalços de la Orden de los menores de nuestro Seraphico Padre S. Francisco, y de las provincias, y custodias descalças, que della han salido, y son sus hijas, compuesta per F. Juan de Sª Maria, predicador y padre de la misma provincia. Parte 1ra, Madrid, Imp. real, 1615, f°.
— Parte 2ª, ibid., 1618, f°.

<small>Monastère des Santi Quaranta, à Rome.</small>

135. **Lettera** annua del Giappone del 1612, scritta dal P. Giovanni Roderico Giram della C. de G. Milano, hered. di Pacif. Ponzio e Gio Batt. Piccaglia, 1616, 12°.

<small>Datée du 12 janvier 1613, se trouve à la suite de l'annuelle de 1611, dont elle continue la pagination, p. 99-238. Après cette annuelle de 1612 sont deux courtes lettres, l'une du P. Gabr. du Matos, du 27 février 1613, l'autre de D. Luigi Cerquero, év. du Japon, du 26 octobre 1613.</small>

— En latin, trad. par le P. André Schott.....

136. **Relacion** de la persecucion que huvo estos años contra la iglesia de Japon, y los ministros della desde el año de 1612 hasta el de 1615. Sacada de la carta annua, y de otras informaciones authenticas q (sic) truxo el P. Pedro Morejon, de la C. de J., procurador de la Provincia de Japon. Roma, 1615, 4°.

<small>Bibl. imp., O. 8°, 4680.
Le P. Pedro Morejon, né à Medina del Campo, en 1562, mort à Méxco (ou à Macao), en 1633.</small>

— Çaragoça, J. de Larumbe, 1617, 8°, pp. 263.

<small>Bibl. imp.
Cette relation contient deux parties, la première intitulée:</small>

— Relacion de una grande persecucion que el año de 1614, se levantó contra la Yglesia de Japon, etc.
— La 2ª: Relacion del martyrio de 45 christianos, que padecieran por nuestra santa Fè, en las tierras de Arima, en noviembre de 1614, sacada del processo authentico, etc.

136 bis. L'original de la seconde partie paraît être : Relação da ditosa morte de 45 christãos, que em Japão morreram pela confissão da Fè catholica em nov. de 1614. Tirado de un processo authentico pelo P. Jorge de Gouvea S. J., procurador das provincias da mesma Companhia. Lisboa, Pedro Craesbeck, 1617, 8°.

<small>Bibl. nac. de Lisb., et Bibl. Maced. Fig. 4458.</small>

137. **P. Gabriel de Mattos.** — Relação da perseguição que teve a Christandade de Japão desde Maio de 1612, até novembro de 1614. — Tirada das cartas annuaes. Lisboa, Craesbeck, 1616, 8°.

<small>Le P. de Mattos, né à Vidigueira (dioc. d'Evora), vers 1572, mort à Macao en 1633.
Bibl. nac. de Lisb., Bibl. real d'Ajuda, e livraria do Archivio nacional. Fig. 1454.</small>

138. **Relacion** de la persecucion que hubo en la iglesia del Japon, y de los martires insignes que dieron gloriosamente su vida por nuestra

— 18 —

Santa Fè en los annos 1614 e 1615. Megico, Juan Ruiz, 1616, 4°.

— En anglais : A brief relation of the persecution lately made against the catholike christians in the Kingdom of Japonia, devided into two Bookes. Taken out of the annual letters of the Fathers of the S. J., and other authenticall informatius. Written in Spanish, and printed first at Mexico in the west Indies, the yeare of Christ 1616. And newly translated in to (sic) English by W. W. Gent. The first part. London, 1619, 8°. pp. 350.

139. **Manuel** du saint Rosaire, en japonais, imprimé en 1616.

Minerve.

139 bis. **Sommaire** de la Confrérie du saint Rosaire et ses indulgences, mis en japonais par les Pères dominicains.

Probablement le même ouvrage.

Une image fut dessinée d'après les idées du P. Navarrete : c'était Notre-Dame avec le divin Enfant entre ses bras. Elle et le divin Enfant répartissaient le saint Rosaire à des pontifes, cardinaux, rois, etc. — Pour bordure étaient les mystères du Rosaire, et au bas il était écrit que saint Dominique avait institué la confrérie du Rosaire. — L'image fut fondue, et on en tira des empreintes.

140. **Littera** annua del Giappone dell' anno 1613. Nella quale si raccontono molte cose d' edificazione, e martyrii occorsi nella persecutione di questo anno. Scritta dal P. Sebastiano Vieira della C. di G. Roma, Bart. Zannetti, 1617, 8°, pp. 72.

— En latin (probablement trad. par le P. André Schott): Annuæ litteræ ex Japoniâ 16 Martii 1613. Romæ, apud Bart. Zannettum, 1617, 8°.

— En français : Lettre annuelle du Japon de l'an 1613, contenant plusieurs exemples de rare vertu et divers actes des martyrs, etc., escripte par le P. Séb. Vieira de la C. de J. Traduite d'italien en françois par le P. François Sollier de la C. de J. Bourdeaux, par Simon Millanges (sans date), 8°, pp. 92.

Se trouve aussi traduite par le P. Coyssard, avec l'annuelle de 1614 (Voir ci-après).

141. **Lettera** annua del Giappone del 1614, scritta dal P. Gabriel de Mattos, della C. di G. Roma, Zannetti, 1617, 12°, pp. 205.

— En français : Lettres annuelles du Jappon des années 1613 et 1614, escrites au R. P. Général de la C. de J., par le P. Sebastien Viera, de la même Compagnie. Mises d'italien en françois par le P. Michel Coyssard. A Lyon, par Claude Morillon, 1618, 8°, pp. 280.

— La lettre de 1614 : Lyon, Lautrec, 1619, 8°.

Bibl. imp. O. 1681-4, et Mazarine.

— En latin, trad. par le P. André Schott...

142. **Relacion** del sucesso que tuvo nuestra Santa fe en los reynos del Japon, desde el año de 1612 hasta el de 1615, Imperando Cubosama.

Compuesta por el P. Luys Piñeyro, de la C. de J. Anno 1617, Madrid, por la viuda de Alonso Martin de Balboa, f°, pp. 516.

Minerve.

Le P. Pineyro, né à Talavera en Castille, vers 1560, mort à Lisbonne en 1620.

— En français : La nouvelle Histoire du Japon, divisée en cinq livres, où il est traité amplement de l'état de la chrétienté, etc., composée en espagnol par le R. P. Louis Pigneyra (sic), de la Compagnie de Jésus, et traduite en français, par J.-B. A Paris, chez Jean Fouet, 1618, 8°, pp. 16 et 879.

— Paris, Taupinard, 1618, 8°.

Bibl. imp. O. 8°, 1066. C.

— ... 1093? 8°.

143. **Triunfo** de la Fee en los reynos del Japon, por los años de 1614 y 1615, por Lope de Vega Carpio. Madrid, 1617, 8°.

— Madrid, 1618, por la viuda de Alonso Martin, 8°.

Bibl. imp. O. 8°, 1680-2, et Minerve.

144. **Relatione** del martirio del benedetto santo Frà Alfonso de Navarrete dell' O. de' Predicatori, scritta dal Padre Frà Alonso de Mena. (1617).

Transcrite au procès d'enquête, imprimé en 1675, pp. 442 à 458.

145. **Relacion** del martirio del B. P. F. Alfonso de Navarrete, Dominico, y de su compañero el B. P. F. Hernando de San Joseph, Augustino, en Japon, anno 1617. Bacalòr, Ant. Damba, 1618, 4°.

Par le P. Fr. Domingo Gonçales, de l'ordre des Fr. prêcheurs.

— Traduit en italien par P. F. Raimondo Parascandalo. Naples, 1621, 4°.

Cette relation est également insérée au procès d'enquête.

146. **Dezera** Ferdin., Augustin. La vida y muerte de los SS. MM. Fern. de S. Joseph, y Nic. Melo. Imprimé au couvent de S. Guillermo de Bacalór, 1618, 4°.

Sicardo et Pinelo 848.

— Cuença, Joan. de Borja, ... 8°.

Ossinger, p. 129.

147. **Histoire** de l'estat de la chrétienté au Japon et du glorieux martyre de plusieurs chrestiens en la grande persécution de l'an 1612, 1613 et 1614. Le tout tiré des lettres de la C. de J. et trad. d'italien en français, par un Père de la même Cie. Douay, Bellère, 1618, 8°.

Bibl. imp. O. 1681-5.

148. **Fr. Alonso** de Valsalobre, Franciscano, Vida, i Milagros de Fr. Juan (Pedro) Baptista, i sus companeros Martyres en el Japon. Barcelona, Seb. Jaime, 1618, 8°.

Pinelo et Sbaraglia.

149. **Alonzo** de Sandoval. Vida de S. Francisco Xavier, y lo que obraron los PP. de la C. de J. en la India. Sevilla, 1619, 8° ?

150. **Diogo** Monteiro, prêtre, naturel de Lisbonne, a traduit du castillan en portugais : Compendio da vida, virtudes e milagres do beato padre Francisco Xavier, religioso da Companhia de Jesus, apostolo da India oriental. Lisboa, Ant. Alvarez, 1620, 8°.

151. **Franciscus** a S. Augustino Macedo, Conimbricensis. Apotheosis S. Francisci Xaverii, lyrico carmine : libri III. Ulyssipone, 1620, 8°.

<small>L'auteur, né à Coïmbre, en 1594, d'abord jésuite, puis franciscain de la stricte Observance, de la province de Saint-Antoine de Lisbonne, mort à Padoue en 1681.</small>

152. **Paschalis** de Torrellas, Espagnol, franciscain de la province de Saint-Grégoire de la stricte Observance : Miracula et icones SS. Martyrum Japponensium. Roma, 1620, f°.

153. **Lettre originale** du P. Diogo de Cawalho sur Yesso (1620). En Franco : Coimbre, t. I, p. 122.

154. **Epistola** N. Trigautii S. J. de navigatione in Indiam ; itemque de statu rei christianæ apud Sinas et Japonios. Coloniæ, 1620, 8°.

155. **Historiæ** Societatis Jesu pars secunda sive Lainius, auctore R. P. Francisco Sacchino, Societatis ejusdem sacerdote. Antuerpiæ, ex officinâ filior. Martini Nutii, 1620, f°.

156. **Lettere** annue del Giappone, China, Goa et Ethiopia, scritte al M. R. P. G. della C. di G. da Padri dell' istessa Compagnia ne gli anni 1615, 1616, 1617, 1618, 1619. Volgarizzati dal P. Lorenzo delle Pozze della med. comp. Milano, appresso l'erede di Pacif. Pontio e Gio. Batt. Piccaglia, 1621, 8°, pp. 368.

<small>Cette collection comprend : 1° Lettre de 1615 et 1616, datée du 13 décembre 1616, et signée Gio. Ureman ; 2° lettre de 1617, datée du 15 janvier 1618, et signée Cam. Costanzo ; 3° lettre de 1618, datée du 28 décembre 1618, et signée du même Père ; 4° Relazione d'alcune altre cose notabili occorse nel Giappone (non signée) ; et d'autres lettres de divers pays.

Le P. delle Pozze, né à Florence, vers 1568, mort à Florence en 1653.</small>

— Napoli, Lazaro Scorriggio, 1621, 8°, pp. 404.

157. **Historia** y relacion de lo succedido en los reynos de China y Japon en la qual se continua la gran persecucion que ha havido en aquella Iglesia desde el año de 1615 hasta el año de 1619, por Pedro de Morejon. Lisboa, Joan Rodriguez, 1621, 4°.

158. **Le P. Navarro** (Pedro Paulo) traduisit en japonais l'ouvrage du P. Pietro Antonio Spinelli,

Thronus Dei, Maria Deipara, publié à Naples, en 1613. — A Nangasaki, s. d. (av. 1622).

<small>Le P. Navarro, né en Calabre en 1560, martyr au Japon, en 1622.</small>

159. Le même Père publia aussi en japonais une Apologie de la Foi contre les calomnies des gentils. A Nangasaki, s. d. (av. 1622).

160. **Relatio** facta in consistorio secreto coram S. D. N. Gregorio Papa XV à Francisco Maria, episcopo Portuensi S. R. E. Card. à Monte, die xix Januar. MDCXXII, super vitâ, sanctitate, actis canonizationis et miraculis Beati Ignatii, fundatoris soc. Jesu. Lugduni, sumptibus Claudii Landry, 1622, 8°, pp. 153.

<small>A la page 49 se trouve un second titre :</small>

— Relatio facta in consistorio secreto coram S. D. N. Gregorio Papa XV a Francisco Maria, episcopo Portuensi S. R. E. Card. à Monte, die xxiv Januar. MDCXXII super vita, sanctitate, actis canonizationis et miraculis Beati Francisci Xavier è soc. Jesu.

<small>Toute cette 2° partie est relative à saint François-Xavier.</small>

160 *bis*. Relationes factæ in consistorio pro B. Francisco Xaverio, etc.

<small>Minervæ Misc. 4° Vol. 843.</small>

— En français : D. Francisco Maria, évêque d'Ostie. Relation en consistoire secret devant le Pape Grégoire XV en 1622, des vies de S. Ignace de Loyola et de S. François Xavier. 1622, 8°.

<small>Il en existe deux éditions françaises.</small>

161. **Compendio** della Vita del S. P. Francesco Xavier della C. di G., canonizato co'l P. S. Ignatio Fundatore dell' istessa religione dalla santità di N. S. Gregorio XV. Composto e dato in luce per ordine del reverendiss. P. Mutio Vitelleschi, preposito generale della C. di G. Roma, eredi di Bart. Zannetti, 1622, 8°, pp. 146.

— Roma, Eredi di Bart. Zannetti, e Neapoli, Lazaro Scoriggio, 1622, 8°.

— En italien : Ristretto della santa vita dell' apostolo dell' Indie. Milano, 1622, 8°.

— Bologna, 1648, 8°.

— En flamand : Kort verhael van het leven van den H. Franciscus Xaverius, grooten apostel van Indien ende Japonien..... (Trad. de l'italien et augmenté par le P. Philippe Taisne). Tot Brussel, by Jan Mommaert, 1660, 12°, pp. 624.

<small>Le P. Taisne, né à Bruxelles en 1626, mort après 1676.</small>

161 *bis*. La version flamande, augmentée considérablement : Het leven, apostolycke deugden, gheducrighe mirakelen ende glorie van den H. Franciscus Xaverius... T' Antwerpen, by Michiel Cnobbaert, 1678, 8°, pp. 1014.

162. **L'Abrégé** de la vie admirable de S. François Xavier de la C. de J., surnommé l'Apôtre des Indes, par le R. P. Estienne Binet de la C.

de J. — Canonizé le 12 de mars 1622 par N. S. P. le Pape Grégoire XV. — Paris, Séb. Chapelet, 1622, 8°, pp. 144.

Le P. Estienne Binet, mort en 1639.

163. **Balinghem** (le P. Ant. de). Abrégé de la Vie de S. François Xavier. Douay, Balthazar Bellin, 1622, 12°.

Le P. de Balinghem, mort à Lille en 1630.

164. **P. Wenceslaus** Pantaleo Kirwitzer. Carta del Martirio del P. Juan Baptista Machado, que padecio en el Japon, año de 1617. 1622, 4°.

Pinelo, 176.

165. **Le P. Apollin. Franco.** Deux lettres imprimées à Salamanque en 1622.

Pinelo, 174.

166. **Copia** eines Schreibens von P. Jacobo Ro der Societet Jesu, aus den Orientalischen Indien zu Goa, den 27. februar. 1621 datiert, an einem Herren nach Mailandt abgangen, darinn allerley bericht von Japon, China und India in kurzem Begriffen, aus der Italianischen in die Teutsche Sprach vergesetzt. Augspurg, bey Sara Mangin wittib, 1622, 4°, pp. 12.

167. **Fête** à Lima pour les 23 martyrs Japonais, 1623.

Ternaux, 1307.

168. Le **P. Fr. Francesco** Galve, dominicain, traduisit en japonais trois vol. in-fol. espagnols : Les Fleurs des Saints et une Doctrine chrétienne (D'après Diego de S. Francesco qui les a vus) (n. 1623).

Le P. Galve, martyr en 1623.

169. **De Christianis** apud Japonios triumphis, sive de gravissimâ ibidem contrà Christi fidem persecutione exortà anno 1612 usque ad annum 1620 libri v, in annos totidem summâ cum fide ex annuis Soc. Jesu litteris continuâ historiæ serie distributi, auctore P. Nicolao Trigautio. S. J. Cum Raderi auctario et iconibus Sadelerianis. Monachii, 1623, 4°, pp. 518.

L'addition de Raderus est l'histoire de l'Église japonaise en 1617,1618, 1619 et 1620. Cette addition est suivie d'une lettre du P. Spinola, du catalogue des martyrs japonais, de 1612 à 1620, et de la liste des résidences que les PP. ont dû abandonner.

— 1624, 4°.
— En français : Histoire des martyrs du Japon depuis 1612 jusques 1620, composée en latin par le R. P. Trigault de la C. de J., et trad. en français par le P. Pierre Morin, de la même Compagnie. A Paris, chez Sébast. Cramoisy, 1624, 8°, pp. 638.

Le P. Morin, né à Paris vers 1562, mort à Paris en 1625.

Bibl. imp.O. 4°, 1343, A.

— Trad. aussi par l'abbé de Pure, ... 1655, 4°.

170 **Fr. Luiz** de Sousa, religioso Domenicano, e chronista da sua ordem, naturel de Santarem. Historia de S. Domingos, particular do reino e conquistas de Portugal, por Fr. Luiz de Cacegas, da mesma ordem e provincia, e chronista della ; reformada em estilo e ordem, e ampliada em successos e particularidades. 1ra parte. Impressa no convento de S. Domingos de Benfica, por Giraldo da Vinha, 1623, f°. — 2ª parte (par le F. Ant. da Encarnação). Lisboa, na officina de Henrique Valente de Oliveira, 1662, f°. 3ª parte (par le même). Lisboa, na officina de Domingos Carneiro, 1678, f°. 4ª parte (par le P. Lucas de Santa Catharina). Lisboa occid. José Ant. da Silva, 1733, f°.

— Réimpression : Lisboa , Ant. Rodriguez Galhardo, 4 tomes, 1767, f°.

Figan., 1345 et 1347.

171. **J. de Cevicos**, Discurso sobre los privilegios de las Religiones de Indias. .... 1623.

Pinelo, 753, et Ternaux, 1304.

172. **La Palme** triomphale dans le paradis récemment planté de l'Église japonaise, ou la Vie et la mort des trois bienheureux frères de la S. de J., Paul, Jean et Jacques, Japonais qui, pour la foi de J.-C., ont obtenu sur la croix la palme du martyre, et ont été mis au nombre des saints martyrs par le pape Urbain VIII. (En polonais.) Cracovie, Hr. Ch. Schedel, 1624.

173. **Relazione** di alcune cose cavate dalle lettere scritte, negli anni 1619, 1620 et 1621, dal Giappone al molto Rev. in Christo P. Mutio Vitelleschi, preposito generale della C. di G. Roma, per l'Erede di Bartolomeo. Zannetti, 1624, 8°, pp. 232.

Contient : Relatione dal Giappone del 1619, Macao, 1er octobre 1620: Gasparo Ludovico, pp. 3-94. — Relaz. del 1620, Macao, 21 décembre 1620 : Gio. Bapt. Bonelli, pp. 95-152. — Relaz. del 1621, Macao, 6 octobre 1622, Girol. Majorica, pp. 153-216. — Relax. del Regno di Jeso, di Matsumai, etc. : Girol. de Angelis, pp. 247-232.

Le P. Bonelli, né à Lodi vers 1589, mort au Tonquin en 1638.

Le P. de Angelis, né en Sicile en 1567, martyr à Yedo en 1623.

— La relation du P. de Angelis, seule : Roma et Messina , 1625, 8°.

— En latin, trad. par le P. Crucius (Adrian van den Cruyce) : Rerum memorabilium in regno Japoniæ gestarum litteræ ann. 1619, 20, 21, 22, soc. Jesu ad Rev. admodum in Christo Patrem P. Mutium Vitelleschi, præpos. gener. ejusd. soc. Antuerpiæ, Hieron. Verdussius, 1625, 12°, pp. 288.

Bibl. imp. 2 ex.

Dans cette édition, au lieu de la lettre du P. de Angelis se trouve un sommaire des 118 martyrs de 1622.

Le P. Van den Cruyce, né à Gand en 1578, mort à Anvers en soignant les pestiférés, en 1629.

— 21 —

— En latin celle de 1620 seulement......
— En français : Histoire de ce qui s'est passé ès royaumes de la Chine et du Japon, tirée des lettres escrites ès années 1619, 1620 et 1621, adressées au R. P. Mutio Vitelleschi, général de la C. de Jésus, trad. de l'italien en français par le P. Pierre Morin, de la même C. Paris, Seb. Cramoisy, 1625, 8°, pp. 380.

Bibl. imp., Mazarine, et Prop. de la Foi.

— En français également, trad. par le P. de Machault, et forment la 2ᵉ partie du recueil intitulé : Histoire de ce qui s'est passé ès royaumes du Japon et de la Chine... Paris, Cramoisy, 1627, 8°. (*Voir ci-dessous* N° 182 *bis*.)

Le P. de Machault, né à Paris en 1594, mort à Pontoise en 1640.

174. Relacion breve de los grandes y rigorosos martyrios que en el año passado de 1622, dieron en el Japon a 118 ilustres martyres, f°, sans lieu. — Vers 1623.

De Backer, t. III, p. 507.

175. Teatro de la constancia Japona en que se refiere el martyrio de mas de 118 martyrs, etc. 1624, 8°.

De Backer, t. III, p. 507.

— Theatrum japonensis constantiæ quâ supra centum octodecim illustrissimi martyres atrocissimis suppliciis excruciati, anno 1622, pro fide Christi, per ignem et gladium, etc. Bruxellis, 1624, 8°.

— En français : Relation des cruels martyrs que 118 chrestiens ou environ endurèrent au Japon l'an 1622, tirée principalement des Lettres des Pères de la C. de J., qui résident là, et de ce que plusieurs personnes, qui vinrent du Japon en cette ville de Manille, ont rapporté. Le tout traduit de l'espagnol. Paris, 1624, 8°.

176. Relacion de la persecucion que huvo en la iglesia de Japon, y de los insignes martires que gloriosamente dieron sus vidas en defensa de nuestra santa Fé el año de 1622, por el P. Garcia Garces, de la C. de J., antiguo ministro del santo Evangello en aquella christiandad (4 feuillets non numérotés et 34 numérotés). Mexico, Diego Garido, 1624, 4°.
— Madrid, Sanchez, 1625, 4°.

Bibl. imp. O. 4°, 1243, 2, et Minerve, Misc. 4° vol., 730.

Le P. Garces, né à Molina près Ségovie, vers 1560, mort à Macao en 1628.

177. J. B. de Baeça. S.J. Carta á Pedro Rodriguez de Cordova, desde Nangasaqui á 20 de Março de 1624. — Le P. Francisco de Vilches, écrivant la vie de ce saint religieux, dans les Santos de Jaen, y Baeça (Part. I, cap. 71. Madrid, 1653, f°), cite 4 paragraphes de cette lettre.

178. Mig. de Carvalho. S. J. Quatre lettres : 1° Une écrite de la prison d'Omura au P. provincial, 10 février 1624. (En Franco - Lis-

boa.) 2° Autre au P. Baeça (ibid.). 3° Autre au P. Bento Fernandez (dans Tanner. Soc. J. usque ad sang., etc., p. 317). 4° Autre au P. Borges, du 23 août 1624. (En Franco-Lisboa.)

179. P. M. Grixalvo, Augustin. Cron. de la Provincia de S. Augustin en la nueva España, 1624, f°?

Spécialement pour le martyre en Moscovie du Fr. Fr. Nicolas de S. Augustin, en 1609 et du P. Fr. Nicolas Melo ou Moran, en 1616.

180. Cerqueira (Luis), S. J., évêque du Japon. — Carta escrita em Nangasachi a 6 de outubro de 1613 ao P. geral Claudio Aquaviva na qual relata o martyrio de 28 christãos padecidos no Reyno de Yendo em agosto do dito anno... trad. en italien avec d'autres lettres. Roma, 1625, 8°.

Se trouvait déjà à la suite de l'annuelle de 1613, publiée en 1617.

181. Fr. Diego de San-Francisco, descalço de S. Francisco. Relacion verdadera, i breve de la persecucion, i martirio que padecieron por la Fe de Christo S. N. quince Religiosos descalços, de la provincia de san Gregorio de Filippinas, donde se trata de los Religiosos de otras ordenes i seglares, que padecieron desde el año 1613, hasta el de 1624 en el Japon. Manila, Pinpin, 1625, 4°.
— Mexico, 1626. 4°.

A la fin se trouvent : Acta audientiæ Pauli V.

Le P. Diego de S. Francisco, né à Membrilla dans la Vieille-Castille, commissaire de son ordre au Japon, martyr en 1632.

— Traduit en italien sous le titre de : Breve relatione della persecutione e morte che han patito per la confessione della santa Fede cattolica nel Giappone, quindici Religiosi della provincia di san Gregorio, delli scalzi riformati dell' ordine del nostro Seraſico Padre S. Francesco nell' Isole Felippine. — Ove anche si tratta di molt' altre morti per la medesima causa d'altri religiosi, d'altre Religioni, e secolari di differenti stati, quali tutti patirno nel Giappone dall' anno 1613 sino al 1624. Descritta dal P. Fra Diego de San-Francesco, etc., e tradotta dalla lingua spagnola nella italiana, da un religioso del medesimo ordine della riforma de Napoli. Napoli, Ottavio Beltrano, 1630, 4°.

182. Litteræ annuæ Japoniæ, ann. 1621 et 1622. Trad. en latin par le P. Adr. Cruclus. Antuerpiæ, 1625, 8°.

182 *bis*. De novis Christianæ religionis progressibus et certaminibus in Japonia anno 1621, in regno Sinarum 1621 et 1622. Monasterii Westphaliæ. Mich. Dalius, 1627, 4°.

Bibl. imp. O. 4°, 1344 ?

— En italien : Lettere annue del Giappone dell' anno 1622, et della Cina del 1621 et 1622, ac molto Rev. in Chr. P. Mutio Vitelleschi, prepos.

generale della comp. di Giesu. Roma, Fr. Corbelietti, 1627, 8°, pp. 312.

La lettre du Japon signée Majorica, datée de Macao, 20 septembre 1623, comprend les pp. 4 à 188.

— En français: Histoire de ce qui s'est passé ès royaumes du Japon et de la Chine, tirée des lettres escrites ès années 1621 et 1622 (trad. par le P. Jean Darde, de la C. de J.). Paris, Séb. Cramoisy, 1627 (1re partie du recueil).

Le P. Darde mort en 1644.
Bibl. imp. et Prop. de la Foi.

183. **Relacion** del martyrio del B. P. Fr. Pedro Vazquez, de la orden de San Domingo, hijo del convento de nuestra señora de Atocha de Madrid, ordenada por el P. F. Francisco Carrero, religioso de la misma orden, vicario de Binondoc., etc. Manila, en el collegio de Santo Thomas, per Thomas Pinpin, año 1625, 4°, feuillets 15.

Imprimée, avec son titre séparé, à la suite du Triunfo, du même auteur, et comprise en la table préliminaire de cet ouvrage. Se trouve également dans la relation du P. Mançano, imprimée en 1629.
Bibl. imp. H. 1724. A.

184. **Relacion** del martyrio del R. P. Fray Juan de Santo Domingo de Sanabria, hijo professo del convento de San Estevan de Salamanca, muerto en la carcel en Japon (par le P. Mançano, d'après Echard II, 461). Romæ et Viterbii, 1625.
— Antuerpiæ et alibi?
Pinelo, 627.

185. **Relacion** de los martyres que este anno passado de 1624, han padecido martyrio por nuestra S. Fe, en la corte del emperador de Japon, por el padre Francisco Crespo, procur. gen. de la C. de J. de las Indias. Madrid, Andres de Parra, 1625, 4 feuillets.
Gesù.
Le P. Crespo, né à Ubeda vers 1583, mort à Madrid en 1655.

186. Le P. **Fr. Marianus** de Orscolor, d'Ingolstadt, mineur de la stricte Observance de la Province Argentine. Gloriosus Franciscus redivivus, sive Chronica observantiæ strictioris reparatæ, reductæ, ac reformatæ ejusdem, per christianos orbes non solum, sed et Americam, Peru, Chinas, Jappones, Chichemecas, Zacathecas, Indos orientis et occidui solis, Turcas et Barbaras gentes diffusæ, et Evangelio fructificantis, distincta libris VI, et 28 figuris æneis ornata. Ingolstadii, ex officina Wilhelmi Ederi, 1625, 4°.

187. **De Freitas** (Seraph.), portugais, de l'O. de Sainte-Marie de la Merci. — De justo imperio Lusitanorum Asiatico. Vallisoleti, Hier. Murillo, 1625, 4°.
Minerve.

188. **Triunfo** del santo Rosario y orden de S. Domingo en los reynos del Japon, desde el año del Señor de 1617, hasta el de 1624, por el padre F. Francisco Carrero, religioso de la misma orden, vicario de Binondoc, etc. Manila, en el colegio de S. Thomas de Aquino, por Thomas Pinpin, impresor, año 1626, 4°, pp. 183.

A la suite se trouve la Relacion del martyrio del P. Vasquez.
Bibl. imp., H., 1724. A. Exemplaire provenant du couvent de l'Annonciation de Paris, procuré à ce couvent par le P. Quétif, en 1702.

189. **Visite** du Dairi à l'empereur du Japon (1626). Voyages des Indes, t. X, p. 162, et dans les recueils.

190. **Breve** compendio del martirio, e morte delli ventitre martiri dell' ordine minori di San Francesco dell' oservanza della provincia di San Gregorio delle Filippine, e del Giappone. Con i nomi, titoli, e patrie loro. Crocifissi nel reino del Giappone por difesa della Santa Fede, de quali la santità di N. S. Papa Urbano VIII hà concesso sotto li 14 settembre 1627, che si celebri la Messa et offizio. E la festività il dì 5 febbraio, giorno del loro martirio. In Milano, por l'her. di Gio. Baptista Colonna, 1627, 4°, pp. 8.

191. En espagnol, par un anon. esp., déchaussé de la stricte observance : Récit des solemnités de Madrid, pour la béatification des martyrs japonais Pierre Baptiste et ses comp. Madrid, 1627, 4°.
Sbaraglia.

192. **Relacion** del martyrio que padeció en el Japon, Fr. Bartolome Laurel, a 17 agosto de 1627. S. L. N. A.
Pinelo, 834.

193. **Histoire** ecclésiastique des isles et royaumes du Japon, depuis l'an 1542 jusqu'à l'an 1624, par le P. François Sollier, S. J. Paris, Cramoisy, 1627 et 1629, 4°, 2 vol.
— Bordeaux, 1628 .....

194. **Lettera** annua del Giappone dell' anno 1624, al molto Rev. padre Mutio Vitelleschi, generale della C. di G. Roma, per l'eredi di Bart. Zannetti, 1628, 8°, pp. 150.

Par le P. Joam Rodriguez Giram. Datée de janvier 1625.

— Roma et Bologne, Ferroni, 1628, 8°.
— Milano, Cerri, 1628, 8°.
Napoli, Egid. Longo, 1628, 8°.
Minerve.
— En français : Histoire de ce qui s'est passé au royaume du Japon l'année 1624, trad. par un P. de la C. de J. (probablement le P. de Machault). Paris, Sébast. Chappelet, 1628, 8°.

Le recueil français renferme des brefs intéressants adressés aux chrétiens japonais, en latin e en français.
Bibl. imp., Mazar. et Prop. de la Foi.

— En flamand : Mechelen (*Malines*), 1628, 8°.
— En latin, trad. par Gérard de Zoes (*Pinelo* 183), sous ce titre : Historia Japonensis anni MDCXXIV continens felicem christianæ fidei progressum, et varia Japonensium christianorum pro fide certamina, ex literis R. P. Joan. Froes (*Rodriguez*) Giram, Soc. J., ex italico sermone in latinum translatæ. Moguntiæ, 1628, 4°.

Arsenal.

— — Dilingæ, 1628.

195. La Vie et la mort de 23 martyrs de l'ordre de S. François et de trois Jésuites, tous crucifiez et transpercez de lances au Japon, ensemble les prodiges devant et après leur martyre, recognu par N. S. P. Urbain VIII, en juillet 1628, par un religieux récollet de la province de S. André (le P. Samuel Buirette). 2ᵉ édit., Douay, Auroy, 1628, 8°.

Bibl. imp. O. 8ᵉ, 4668-4.

196. P. Petrus Gomez. Historia mortis trium martyrum e Societate, qui, anno 1597, in Japonia cum aliis cruci affixi sunt. Romæ, Zannettus, 1628, 8°.

— En italien : Breve relatione della gloriosa morte di Paolo Michi Giovanni Goto e Giacomo Ghisai, martiri Giapponesi della C. de G., seguita in Nangasachi, alli 5 di febraro 1597. Cavata da una lettera del P. Pietro Gomez, etc., Milano, Gio. Batt. Bidelli, 1628, 8°, pp. 14.

Minerve Misc. 8°, vol. 570, et S. Isidore.

— En français : Briefve relation de la mort glorieuse de Paul Michi, Jean Goto et Jacques Ghisai, Japonnois de la C. de J., arrivée à Nangasachi, le 5 februrier 1597, etc. Louvain, Henry Haestens, 1628, 8°, pp. 16.

197. Cornelius Thielmannus, Bruxellensis, Recollectus; — a traduit du latin en flamand les actes des martyrs Japonais. Louvain, Cornelius Conestyn et Jean Oliverius, 1628, f°.

198. Martyre du bienheureux Paul Miki, Jean de Goto et Jacques Kisai, de la C. de J., Japonnais qui furent les premiers crucifiés au Japon pour la sainte foi, le 5 février 1597. Bourdeaux, De la Court, 1628, 8°.

199. Le P. Jean Rho, S. J. (sous le nom de Joseph Busomus): Martyrium trium beatorum e S. J. Pauli Michi, Joannis Goto, Jacobi Ghisai, Japonum crucifixorum. Florentiæ, apud Simonem Ciottum, 1628, 8°.

Bibl. imp., et bibl. part. de la Minerve.

200. Breve ragguaglio del glorioso martirio di tre religiosi della Compagnia di Giesu, Paolo Michi, Giovanni Goto, Giacomo Quisai, martiri zati nel Giapone; e posti nel numero de Santi Martiri de N. S. Papa Urbano VIII, alli 15 settembre 1627. Milano, Gio. Battista Paganello, 1628, 4°, pp. 12.

201. Martyre des SS. protomartyrs. (Probablement en espagnol). Madrid, 1628.

202. Andrada (Alph. de), S. J., Sermones de los martyres de Japon, de la C. de J. Oriolo, Juan Franco, 1628, 4°.

Le P. Andrada, né à Tolède en 1592, mort à Madrid en 1672.

203. Verhael, Cort, van de historie der drie Martelaren uyt de Soc. Jesu, met drie twintigh anderen a. 1597, tot Nangasachy, in Japonia gheeruyst, ghetrock. eensdeels uit F. Sollerius in sijn kerckel. hist. van Japonien. eensdeels uit Lud. Froes Relaes van 't jaer 1597. Overgheset uyt het latyn door Turano Vekiti. Thantwerpen, bij Jan Cnobbaert. 1628, 12°, pp. 58.

Cat. Muller.

204. Une dernière relation de ces martyrs a paru à Parme en 1801 : Vita e martirio de Santi Giapponesi Paolo Michi, Gio. di Goto e Jacopo Ghisai, della C. di J. Ragguaglio dedicato all' apostolo dell' Indie S. Francesco Saverio da un sacerdote della med. Compagnia. Parma, Gozzi, 1801, 8°, pp. 124.

Par le P. Giac. Sanvitale, S.J.

205. La Béatification des trois premiers martyrs de la C. de J. au Jappon, Paul, Jean et Jacques, Japponais, par N. S. P. le Pape Urbain VIII, et l'indult. de Sa Sainteté, leurs images, et la relation de leur martyre. Paris, Chappelet, 1628, 8°, pp. 38.

Jolies images gravées. Mazarine, 32160.

206. Anonyme espagnol, déchaussé de la prov. de S. Paul : Histoire de la béatification des martyrs Japonais, célébrée très-solennellement à Ségovie en 1628. Segobia, 1628, 8°.

Sbaraglia.

207. Rios (Guillaume de los), S. J. : Triunfos, Coronas, y Palmas de la Iglesia del Japon. Megico, Garrido, 1628, 4°.

208. Vita del Padre Carlo Spinola, della C. di G. morto per la santa fede nel Giappone scritta dal P. Fabio Ambrosio Spinola, dell' istessa C. Roma, Mascardi, 1628, 8°.

Le P. Fabio Spinola, né à Gênes en 1593, mort à Gênes en 1671.

— Roma, Corbelletti, 1638, 8°.

Avec un portrait et un plan de la prison. Maz., 32459.

— Roma, Eredi Corbelletti, 1671, 8°, pp. 336.

Portrait et plan.
Bibl. imp., et bibl. part. de la Minerve.

— Bologna, Benacci (s. d.), 32°, pp. 205.
— Trad. en latin par le P. Hugo : Vita P. Caroli Spinolæ, Soc. J., pro christiana religione in Japonia mortui, italice scripta a P. Fabio Ambrosio Spinola, latine reddita a P. Hermanno Hugone, utroque Soc. Jesu sacerdote. Antuerpiæ, ex officina Plantiniana Balthasaris Moreti, 1630, 8°, pp. 14 et 188.

Portrait et plan.

— Anvers, 1630, 8°.

Portrait et plan.

— En français : La vie du P. Charles Spinola de la C. de J., mort pour la foy chrestienne au Japon, mise en françois par le P. Robert Michel de la C. de J. Valenciennes, Jean Bougher, 1661 ? 8°, pp. 266.

Portrait et plan. Pinelo, 148.

209. **Description** de Formose, par Geo. Candidius, ministre du S. Evangile, écrite en 1628. Voyage des Indes, T. IX, p. 209.

210. **Fr. Melchor** Mançano de Haro : Historia del insigne y excellente martyrio que XVII religiosos de la provincia del S. Rosario de Filipinas de la orden de S. Domingo, padecieron en el populoso reño de Japon, por la predicacion del S. Evangelio de Jesu Christo nuestro Dios. Collegida de relaciones fide dignas embiadas del dicho imperio de Japon, y de testigos oculares, que assistieron al dicho martyrio l'año 1614, etc. Madrid, Antonio de Parra, 1629, 4°, pag. 176.

Le P. Mançano, profès du couv. d'Ocaña, † en 1629.

210 bis. **Fr. Simão** da Luz, religioso dominicano : Breve relação do insigne martyrio de XIII religiosos da ordem de S. Domingos, da provincia de nossa senhora do Rosario das Filippinas, que padeceram no imperio do Japão, desde o anno de 1617 ate o de 1624. Tirada da historia que d'elles compoz en castellano o R. P. Fr. Melchior Mançano, etc. Lisboa, Pedro Craesboeck, 1630, 8°, 51 feuillets numérotés d'un seul côté.

Bibl. Macedo. Fig., 1472.

210 ter. **Fr. Lorenço** Morera, de la Ordem de Predicadores.— A la suite des vies des bienheureux Henri Suso et autres se trouve, f°° 149 à 157 : Relacion verdadera y breve del excelente martyrio que onze Religiosos de la sagrada orden de Predicadores padecieron por Christo nuestro Señor, en el imperio del Japon, los años de 1618 y 1622. — Sacada de la que el Padre Fray Melchior Mançano, Prior de Manila, hize por cartas de los mismos Martires, por testigos oculares y por relaciones fide dignas, etc. — Barcelona ?, 1634 ? 8°.

C'est un brief sommaire du récit de Mançano.
Bibl. imp. H. 2814.

211. **D. Philip. IV.** Hisp. et Ind. Regi Opt. Max. Joannes de Solorzano Pereira, etc., disputationem de Indiarum jure sive de justa Indiarum occid. inquisitione, acquisitione, et retentione tribus libris comprehensam D. E. C. Matriti, Fr. Martinez, 1629 et 1639, f°.

S. Isidore.

— Lugduni, 1672, f°, 2 vol.
— Matriti, 1777, f°, 2 vol.
— En espagnol : Solorzano (D. Juan de): Politica Indiana, compuesta por el dotor D. Juan de Solorzano Pereyra, dividida en seis libros. En Amberes, por Henrico y Corn. Verdussen, 1703, f°.
— Madrid, 1736-39, f°, 2 vol.

212. **Vocabulario** del Japon declarado primero en portuguez por los PP. de la C. de J., y agora en castellano. En el collegio de S. Thomas de Manila, Pinpin et Magauriva, 1630, 4°.

C'est la traduction du vocab. de 1603. Elle paraît être du P. Fr. Hyacinthe Esquivel [Echard, II, 483).
Se trouve à la Minerve (Archives). — Un exemplaire vendu 599 fr. Langlès. — M. Ternaux en possède un autre exemplaire.

213. **Balduinus** Julius. De Sanctis centuria I. Contient un article : De BB. martyribus Japonensibus. Duaci, Hurroy, 1630, 8°.

214. **P. Edmond** Nevil. Palme de l'héroisme chrétien (en anglais). (Tiré des lettres annuelles du Japon). 1630, 8°.

Pinelo, 165. Ternaux, 1454.

215. **Avizos** del feliz sucesso de las cosas espirituales, y temporales en diversas provincias de la India, conquistas, y navigaciones de los Portugueses, por los annos 1628 y 1629, por Mathias Rodriguez. Lisboa, 1630, 4°. 8 feuillets doubles.

Bibl., imp.; fait partie du recueil *Varios escriptos*, O. 4°, 518.

216. **Fr. Domingos** do Espirito Santo, eremita de Santo Agostinho, natural de Lisboa : Breve relação das christandades que os religiosos de Santo Agostinho tem á sua conta nas partes do Oriente, e do fructo que n'ellas se faz, tirada principalmente das cartas que n'estes annos de lá se escrevem, em que se contem cousas mui notaveis. (Sans le nom de l'auteur.) — Lisboa, Anton. Alvarez, 1630, 8°, feuillets 84.

Bibl. nac. de Lisboa e de Macao.; Fig. 1447.

217. **Voyage** de Segger Van Rechteren en 1628 (au Japon en 1630). Voyage des Indes, T. IX, p. 199.

218. **Relacion** de los martyres del Japon, del año de 1627, per el Padre Pedro Moreion, rector del collegio de la Compañia de Jesus de Macan. Mexico, 1631, 4°, 51 feuillets.

La dédicace est adressée à D. Juan de Arcarallo, gouverneur des forces de l'Ile Formose (6 feuillets sans numération). — A la fin est un sommaire de l'État du Japon, de 1628, 29 et 30, par le P. Juan Lopes, de la C. de J., procur. génér. de la province des Philip., éditeur de l'ouvrage. Il s'y trouve une lettre intéressante du P. Cassui. — Archives du Gesù.

219. **Relacion** de algunas de las cosas tocantes a la vida, y glorioso martyrio, que con su provincial, y otros siete religiosos de la C. de Jesus, padeció el S. P. Baltasar de Torres; sacada de las cartas autenticas, que han venido del Japon; de lo sucedido el año de 1626, en la cruel per-

secucion, que en aquel imperio padece la christiandad. 4°? pp. 63.

Sans nom d'auteur, probablement par le P. Ant. de Torres; sans nom de lieu, paraît, d'après les approbations, être de *Salamanca*; sans date, probablement de 1634, d'après la date des approbations, décembre 1630. En tête est une image du saint martyr. — Se trouve au Gesù.

220. **Ars** grammaticæ japonicæ linguæ composita à Fr. Didaco Collado ordinis prædicatorum per aliquot annos in prædicto regno fidei catholicæ propagationis ministro. Romæ typis et impensis sacr. congr. de Prop. Fide. 1632, 4°, pp. 75, vélin, caract. romains.

Le manuscrit portugais est à la Propagande. — Nous possédons l'imprimé, *ex dono* Rev^{mi}. *Card. Barnabó, præfecti S. Cong. de Prop. Fide.*

— Le P. Fr. Juan de Jesus, franciscain déchaussé, l'a traduit en espagnol : son travail est resté manuscrit.

Juan de S. Ant., Bibl. fr., f° 434.

221. **Dictionarium** sive thesauri linguæ japonicæ compendium, compositum à Fr. Didaco Collado, ord. prædicatorum. Romæ, anno 1632.
— A la suite : Additiones ad dictionarium japonicum auctore Fr. Didaco Collado ordinis prædicatorum. — Romæ typis et impensis Sacr. congr. de propag. fide, 1632, 4°. — Le tout réuni, pp. 335, vélin, car. romains.

Le manuscrit portugais est à la Propagande. — Nous possédons l'imprimé ; *Ex dono* Rev^{mi}. *Card. Barnabó.*

222. **Niffon** no cotobani yŏ confesion.... Modus confitendi et examinandi pœnitentem japonensem, formula suamet lingua japonica. Auctore Fr. Didaco Collado, ord. præd. Romæ à die 20 junii, anni 1632. Romæ, typis Sacr. congr. de propag. fide, 1632. 4°, vélin, caract. romains.

Nous possédons l'imprimé ; *Ex dono* Rev^{mi}. *Card. Barnabó.*

223. **Lettere** annue del Giappone degl' anni 1625, 1626, 1627, al molto Rev. in Chr. P. Mutio Vitelleschi, prep. gen. della C. di G. Roma, Franc. Corbelletti, 1632, 8°, pp. 318.
— Roma e Milano, Filip. Ghisolfi, 1632, 8°, pp. 261.

Contient : 1° Ann. de 1625, par le P. J.-B. Bonelli : datée 15 mars 1626 ; pp. 1 à 85.
2° Relazione della gloriosa morte di 9 religiosi de la C. di G., et d'altri nel Giap., por le P. Pietro Morejon : datée 31 mars 1627 ; pp. 86 à 140.
3° Ann. de 1626, par le P. Gio. Roiz Girum : datée 31 mars 1627 ; pp. 141 à 188.
4° Relazione della persecutione sollevata contro la S. Fede nell'anno 1627, par le P. Chr. Ferreira : datée 14 dec. 1627 et 25 janv. 1628 ; pp. 189 à 249.
5° Une notice concernant la Chine.

Le P. Ferreira, né à Torres Vedras en 1580, martyr au Japon en 1652.

— Autre édition de la lettre de 1626 seule. Roma, Corbelletti, 1632, 8°.

— Les trois en fr. sous ce titre : Histoire de ce qui s'est passé au royaume du Japon ès années 1625, 6, 7, tirée des lettres adressées au R. père Mutio Vitelleschi, général de la C. de J. Trad. d'italien en français, par un père de la même C. (le P. Jean Vireau). Paris, Séb. Cramoisy, 1633, 8°, pp. 465.

Bibl. imp. et Mazarine.

— La 2° seule sous ce titre : Martyre de Torres et 9 Jésuites, 1630.
— Les trois trad. en flamand par le P. Jacques Susius. — T'Antwerpen, by Jan Cnobbaert, 1632, 8°, caract. goth.

224. **Relazione** di molti che hanno patito con titulo di Christiani nel Giappone dell' anno 1626 sino aquello del 1628, ed in particolare di sei di loro della religione di san Domenico, due sacerdoti, e quattro laici Giaponesi, composta dal P. F. Diego Aduarte, priore del convento del nostro P. S. Domenico di Manila. Romæ, Steph. Paolini, 1632, 8°, pp. 43.

Minerve, Misc. 8°, vol. 471.

225. **Macedo** (Franciscus à S. Augustino) : Historia de los nuevos martyres del Japon. Madrid, 1632, 4°.

226. **P. Giov.** Girol. de Soprania. Compendio della vita del San Francisco Saverio..... 1632, 8° et 12°.

227. **Collado.** Memorial sobre las cosas del Japon, tocantes a la religion, y modo de que acabe la persecucion de la christiandad en él, i si debe cesar el comercio. Imp. 1632, 4°.

La copia de l'original se trouve à la Minerve. Manuscrit, Misc., f°, n° 42 (X, III, 37, n° VIII). Se trouve traduit en la Morale pratique, T. II, pp. 199 à 262.

227 *bis.* Memorial presentado a S. M., el anno 1631, y remitido a la junta del presidente de Castilla, y presidentes de Portugal, e Indias, y otros consejeros de aquellos dos consejos, la qual se tuvó a 17 de deziembre del dicho anno, y en virtud de lo que por ella se consultó a S. M., pidió a S. Santidad, el breve que concedió a 22 de febrero del anno 1633.—Madrid?, 1633, f°, p. 16.

228. **Historia** ecclesiastica de los sucessos de la Christiandad de Japon, desde el año de 1602 que entró en el la orden de predicadores, hasta el de 1620, compuesta por el P. Jacinto Orfanel, de la misma orden, etc. Y añadida hasta el fin del año de 1622 por el P. F. Diego Collado, vicario provincial de la dicha orden en el dicho Reyno. Madrid, Viuda Alonso Martin, 1633, 4°.

Le P. Orfanel martyr en 1622.

Bibl. imp., Minerve, 4°, V. XIII, 27, et S. Isidore.

229. **Compendio** de lo sucedido en el Japon desde la fundacion de aquella christiandad que empeçó anno de 1549. Y relacion de los Martires

que padeceron estos años de 1629 y 30. Sacada de las cartas que escrivieron los Padres de la C. que alli assisten. Madrid, en la imprenta del Reyno, año 1633, 4°, 44 feuillets.

Gesù, et Bibl. part. de la Minerve.

L'auteur, le P. Mathias de Souza, est nommé dans la préface. Ce Père, né à Amarante en Portugal, vers 1596, mort à Lisbonne en 1647.

230. **P. Séb. Vieyra**, S. J. Relação da viagem que fez de Macao a Manila, e de Manila ao Japão, escrita em o Japão a 18 de fevereiro de 1633.

Se trouve en Franco : Coimbra, T. I, pp. 156 à 197.

230 *bis*. Le même: Duas cartas escritas do carcere de Yendo, a 7 de abril de 1634.

En France : Coimbra, T. I, pp. 188 et 189.

231. **Franciscus** aurelianensis. Historia martyrum Japonensium. Vera 1633.

232. **Fr. Ludovici** Soteli minoritæ Regii ad apostolicam sedem Legati et Regni Oxensis Apostoli ac designati Martyris ad Urbanum VIII, Pont. Max. De ecclesiæ Japonicæ statu relatio... Accessit Fr. Juniperi de Ancona minoritæ consultatio de causis et modis religiosæ disciplinæ in Soc. Jesu instaurandæ, ex italico latine conversa. S. L., 1634.

L'original serait, dit-on, aux archives du Vatican.

Le discours de Cavicos dit que la lettre latine a paru à Madrid au commencement de 1628 : il y a donc en deux éditions.— A la suite est la vive diatribe du F. Juniperus contre les Jésuites d'Allemagne, Scioppius, éditeur de ces mémoires, est gravement soupçonné de les avoir altérés. Voir le n° 242, qui répond à Sotelo et à Scioppius.

— Madrid, 1634, 4°.
— Parisiis, 1634, 4°.
— Francofurti, 1634, 8°.

D'après Wadingue.

232 *bis*. Le même ouvrage : Gravis, christiana, doctaque epistola ad Paulum V, summum Pontificem. Æniponte, 1635, 4°.

Cura Scioppii.

Se trouve traduite en la Morale pratique, T. II.
— Juan de S. Antonio publie trois lettres du P. Sotelo dans la chroniques de la province de S. Paul. T. II, pp. 244, 3, 4.

233. **Luis Gomez**, de Déja? (Vejanus), dans l'Andalousie, puis de la province de S. Grég. des Philip. — Relatio martyrii V. Fr. Joannis à S. Martha Minoritæ.

Une grande partie de cette relation se trouve en la chronique de la province de S. Jacques, T. II, l. 4, c. 2, fol. 12.

Le Fr. Luis Gomez, martyr octogénaire en 1634, avec le P. Séb. Vieyra.

234. **Martyre** d'Augustins Déchaussés, 1634.

Ternaux, 1525.

235. **P. Marc. Franc. Mastrillus. Narratio miraculi** in se a S. Francisco Xaverio Indiarum apostolo patrati, etc. Neapoli, 1634, 8°.

Mazarine.

Le P. Mastrilli, né à Nole en 1602, martyr à Nangasaki, en 1637.

— Viennæ Austriæ, 1635, 8°.
— S. Franc. Xav. prodigium in P. Marc. Mastrillo momento temporis curato (*en italien*). Neapoli, Scoriggio, 1634, 8°.

Par le P. Scipion Paolucci, de la C. de J.

— Breve raguaglio del miraculo oprato dall apostolo dell' Indie S. Francisco Saverio. — Bologna, 1634, 12°.

Mazarine.

— En espagnol : Madrid, 1634, 8°.
— En français : Luxembourg, 1635, 8°.

236. **Voyages** de Henri Hagenaar aux Indes orientales de 1631 à 1638 (au Japon en 1634). — Voyage des Indes, vol. IX, p. 309.

— Les mêmes, en russe : Saint-Pétersbourg, 1734, 8°, fig.

237. **Relation** de l'estat de l'église universelle du Japon et des martyrs qui y ont souffert depuis son commencement jusques en l'année 1630. Ensemble un miracle arrivé dans le collége des R. P. de la C. de J. de Naples en l'année 1634, par S. François Xavier. Le tout mis en français par le R. D. D? Paris, Michel Soly, 1635, 8°, pp. 158.

Arsenal, H. 45279, 8°, provenant du coll. de la C. de J. de Paris.

238. **Relattione** delle persecutioni mosse contro la fede di Christo in varii regni del Giappone ne gl' anni 1628, 1629 e 1630, al molto Rev. in Chr. P. Mutio Vitelleschi, prep. gen. della C. di G. Roma, Fr. Corbelletti, 1635, 8°, pp. 187.

— Roma et Milano, Filippo Ghisolfi, 1635, 12°, pp. 218.

— Contient : Relatione della persecutione mossa contra la fede di Christo da Vieenqui Danlon in Jonezava, e nell' altre terre del suo dominio l'anno 1628, pp. 3-75.

Cette relation datée de Vacamatsu, 2 juillet 1629. L'auteur non exprimé, paraît être le P. Ferreyra.

— Relatione della persecutione che negl' anni 1629 e 1630, si sollevò nel Giappone contro la nostra S. Fede nei nove Regni di Ximo : et di quelli que vi morirono per Christo, pp. 76-218.

Datée du 20 août 1631; sans lieu.

L'auteur n'est pas exprimé; c'est le P. Ferreyra, qui le dit dans sa petite lettre sur les souffrances d'Ungen en 1631.

— La double Relation en latin : Narratio persecutionis adversus christianos excitatæ in variis Japonicæ regnis ann. 1628, 1629, 1630, Italice Romæ excusa : ac latine reddita a quodam ejus. Soc. sacerdote (*le P. Jean Bollandus*). Antuerpiæ, Joan. Meursius, 1635, 8°, pp. 141.

Bibl. imp. et Prop. de la Foi.

— En français : Relation de la persécution du

[A. 1635—1637] BIBLIOGRAPHIE JAPONAISE. [A. 1637—1638]

Japon pour les années 1628, 29, 30, envoyée au R. P. Mutio Vitelleschi, général de la C. de J., traduit de l'italien imprimé à Rome par un P. de la C. de J. Paris, Séb. Cramoisy, 1635, 8°, pp. 290.
— Douay, Bardou, 1635, 8°.
<small>Bibl. imp. et Mazarine.</small>

239. **P. Francesco** Rodriguez, S. J. — Catalogo dos religiosos da C. de Jesus, que foram martyrisados e mortos no Japão pela fe de Christo, em os annos de 1632 e 1633. Madrid, André de la Parra, 1635, f°.
<small>Fig., 1642.</small>
<small>Le P. Rodriguez, né à Montemor, au diocèse de Coimbre, mort à Braga en 1654.</small>

— En italien (sans le nom de l'auteur). Roma, F. Corbelletti, 1636, 8°, pp. 16.
<small>Gesù.</small>

— En latin, trad. par Jean Meursius, 1636, 12°.
— En flamand : Cort verhael van XXIV religieusen der Societeyt Jesu die in Japonien in't jaer 1632 ende 1633, voor de belydenisse van het geloof Christi wreedelyck ghedoodt zyn.... Ghedruckt eerst in't spaensch tot Madrid... door)'. Franc. Rodriguez. — T'Antwerpen (probablement en 1636), 8°, pp. 15.

240. **Fr. Diego** de san Juan Evangelista. Carta al prior de S. Agustin, de Çaragoça, dandole noticia de los religiosos que padecieron en el Japon. Imp. 1635, fol.
<small>Pinelo, 192.</small>

240 bis. **Lettre** d'un Augustin, 1637.
<small>Cet article, qui est peut-être le même que le précédent, se trouvait compris dans une collection mentionnée au catalogue de Gallarini, de Rome; il a été acquis par M. Frédéric Molini, de Londres.</small>

241. **Relações** summarias de alguns serviços que fezeram a Deus e a estes reinos os religiosos dominicos nas partes da India Oriental, n'estes annos proximos passados. Lisboa, Lour. Craesbeek, 1635, 4°, feuillets 35.
<small>Ce sont 3 relations: la 1ʳᵉ de Fr. Anton. da Escarnação, la 2ᵉ anonyme, et la 3ᵉ de Fr. Miguel Rangel, évêque de Cochin. — Bibl. nac. de Lisb. et Archivio nacional. — Fig., 1484.</small>

242. **P. Joseph** Andries. Anatomia de la anatomia de la C. de Jesus, ó anatomia del libro intitolado : La Anatomia de la Compañia. 1634. Adicion á la anatomia Jesuitica, opuesta á las satyras contra la Compañia, este es sus misterios, la consultacion de Junipero, i la relacion de el P. Sotelo, 1635.
<small>Pinelo, 193.</small>

243. **Juan** Jacobo Cafaro. Retrato panegyrico de San Francisco Xavier. 1635, 12°.
<small>Cet ouvrage doit être écrit en italien. Pinelo, 153.</small>

244. **Compendio** della vita dell' apostolo dell'

India S. Francesco Saverio, della C. di G. — Dal P. Giacomo Fuligati della med. Com. Roma, Bernardino Tassi, 1637, 8°.
<small>Avec un portrait assez médiocre du Saint en habit de pèlerin.</small>
<small>S. Isidore, 2 ex., 34, 120 et 125.</small>

245. **R. P. Marcelli** Mastrilli e societate Jesu et 32 sociorum, ac 16 aliorum religiosorum, Iter in Indiam, S. P. Francisci Xaverii patrocinio feliciter peractum. Ab eodem Marcello descriptum, atque ad catholicam Hispaniarum Reginam transmissum. Antuerpiæ, typis Joannis Meursii, 1637, 8°, pp. 63.
<small>La lettre est datée de Goa, 28 décembre 1635.</small>

— Trad. en flamand par le P. André de Boeye : Reyse van P. Marcellus Mastrillus, etc......

246. **Vie** du P. Mastrilli, publiée à Goa, du vivant même du Père, par le P. Emmanuel de Lima, (vers 1637).

247. **Gysberts**, Reyer. De Tyrannye ende Wreedtheden der Jappanen, beschreven door R. G. voor de gouverneur Cornelis van Nieuweroode, voor de Hollandtsche compagnie. Amst., J. Fz. Stam, 1637, 4°, f⁰ 26.
<small>Sur les persécutions de 1622 et 23. (Se trouve dans Caron, Thévenot, et dans les Voyages des Indes, T. X, p.419.)</small>
<small>Cat. Muller.</small>

248. **Altuna** (Pedro Lopez de). Primera parte de la Chronica general de la orden de la santissima Trinidad de la Redencion de cautivos (seule parue.) Segobia, Diego Dias Escalante, 1637, f°.

249. **Fray** Martin Claver. El admirable y excelente martirio en el reyno de Japon de los benditos Padres fray Bart. Gutierrez, fray Fr. de Garcia, y fray Thomas de S. Augustin, y de otros compañeros suios hasta el año de 1637. Manila, 1638, 4°.
— Autre édition donnée par Lechuga. Mexico, 1666.
<small>Pinelo, 194.</small>

250. **Martyrologium** Franciscanum, in quo Sancti, Beati aliique servi Dei Martyres, pontifices, confessores ac virgines in universo ordine FF. minorum toto orbe terrarum recensentur, cura ac labore P. Arturi a Monasterio, cum additionibus. Parisiis, 1638, f°.

251. **Carta** del P. Marcelo Francisco Mastrilli en que da cuenta de la conquista de Mindanao al P. Juan de Zalazar, provincial de la C. de J. en las islas Filipinas. Taisay, 2 junio 1637, f°, s. l. n. a. (Séville, vers 1638).
<small>Sotwell. Pinelo. — Thévenot l₁ donne en français, t. I, p. 2.</small>

252. **Hieronyme** Perez. Relacion de la vida y

— 28 —

martyrio del P. M. F. Mastrilli, de la C. de Jesus. Manila, T. Pimpin, 1639, 4°.

Minerve, Miscell. 4°, vol. 644.

Le P. Perez, né à Saragosse en 1615, mort au Mexique vers 1676.

253. **Relacion** completa de muchos Portugueses, que derramaron su sangre por la Fè de Christo en el Japon. Manila (s. d.), 4°.

D'après de Backer, T, II.

254. **Breve** relacion del martirio del Padre Francisco Marcelo Mastrillo de la C. de J., martirizado en Nangasaqui ciudad del Xapon en 17 de octubre 1637, embiada por el padre Nicolas de Acosta, procurador del Xapon, al P. Franc. Manso, procurador general de las provincias de Port. de la d. Comp. en Madrid. — Madrid, 1639, 4°, 8 feuillets.

— En franç. Luxembourg, ...?...4°.

255. **Historia** de la celestial vocacion, missiones apostolicas, y gloriosa muerte del padre Marcelo Francisco Mastrilli, hijo del marques de San Marzana, Indiatico felicissimo de la C. de J., por el P. Ignacio Stafford, de la C. de J. Lisboa, 1639, 4°, pp. 136, avec une image du martyre.

Le P. Stafford, né dans le Staffordshire vers 1599, mort à Lisbonne en 1642.

— La même en français : Histoire de la miraculeuse guérison, céleste vocation, missions apostoliques et glorieuse mort du P. Marcel Fr. Mastrilli, de la C. de J., composée en esp. par le R. P. Stafford, et mise en fr. par le R. P. Laurent Chiflet. Douai, V° Balt. Bellère, 1640, 8°, pp. 176.

Se trouve à Poitiers, chez les PP. JJ.

Le P. Chiflet, né à Besançon en 1598, mort à Anvers en 1658.

— Lyon, 1640, 8°.

— Et en italien sous ce titre : Istoria della celeste vocatione, missioni apostoliche e gloriosa morte del P. Marcello Francesco Mastrilli, Indiano felicissimo della Compagnia di Giesu composta dal P. Stafford... hora trasportata in italiano... Viterbo, Bernardino Diotallevi, 1642, 4°, pp. 94.

256. **Relacion** del martirio de P. Antonio Gonçalez, F. Guillermo Courtet, F. Miguel de Atozaraza, y F. Vicente de la Cruz, religiosos Dominicanos, y de dos compañeros seglares, que padecieron en Japon, año 1637. Matriti, Did. Diaz, 1639, 4°.

— Probablement traduit en français en 1641.

Ternaux.

257. **Michael** de Preces (le P.) écrivit un Arte japonais et des catéchismes en japonais et en tagale (avant 1639).

Le P. de Preces, Espagnol de Valencia de el Cid, de la province des Déch. de S.-Jean-Baptiste, résida plusieurs années au Japon, fut prisonnier à Firando, puis exilé aux Philippines : il retourna en Espagne, et mourut à Madrid en 1639. — Pinelo, 163, et Sbaraglia.

258. **P. Juan Eusebio** Nieremberg. Vida de san Francisco Xavier, y del V. P. Marcelo Francisco Mastrillo. Madrid, 1640, 4°.

Le P. Nieremberg, né à Madrid en 1590, mort à Madrid en 1658.

258 bis. **Vida** del dichoso y venerable Padre Marcello Francisco Mastrilli, de la C. de J., que murió en el Japon, por la Fee de Cristo, sacada de los procesos autenticos de su vida y muerte. Madrid, por Maria Quiñones, 1640, 4°.

— En français : La vie du P. Marcel François Mastrilli, de la C. de J., guéri miraculeusement par S. François Xavier, et mort du depuis (sic) au Japon, pour la défense de la foy, le 17 d'octobre 1637 ; composée en espagnol par le P. Eusèbe Nieremberg, de la même C., et traduite nouvellement en français par le P. Louys Conart, de la même C. Paris, Mathurin Hénault et Jean Hénault, 1640, 12°, pp. 271.

Le P. Conart, né à Paris vers 1592, mort en soignant les pestiférés dans l'ile de Saint-Christophe, en 1648.

— En latin : P. Marcellus Mastrillus, Neapolitanus, S. J., ex marchionum S. Marciani familiæ, anno 1634 à S. Francisco Xaverio, ingenti miraculo, e lethali morbo redditus : anno 1637 in Japonia pro fide catholica exquisitis tormentis interemptus, a R. P. Eus. Nierembergio, ex authenticis instrumentis calamo hispanico lucidatus. Nunc ab alio ejusd. Societatis (probablement le P. Enricus Lampayen), latino idiomate orbi propositus. Addito 79 martyrum Japonensium syllabo. Dilingæ ? 1647, 8°.

— Dilingæ, formis academicis, 1648, 8°, pp. 340.

258 ter. Plus tard le P. Nieremberg a fait des trois vies de S. Ignace, de S. François Xavier et du P. Mastrilli la principale partie du 3° volume de ses *Varones*, publiés en 1645.

Dans cette dernière édition sont insérés l'abrégé de la vie de S. François Xavier, tiré des procès de Bapaim, Goa, Pampelune, Lisbonne et Rome ; et la relation faite en consistoire par le cardinal de Monte.

259. **Vida** del Padre Francisco Marcello Mastrilli, de la C. de J., por Jeronymo Velez de Lacerda. Madrid, 1640, 4°.

Il a été publié d'autres vies du P. Mastrilli au Pérou et à Lisbonne (en forme d'éloge) : nous n'avons pu nous en procurer les titres.

260. **Historia** de la provincia del sancto Rosario de la orden de predicadores en Philippinas, Japon, y China, por el R. don Fray Diego Aduarte, obispo de la nueva Segovia. Añadida por el muy reverendo P. F. Domingo Gonçales. Manila, en el col. de S. Thomas, 1640, f°, pp. 427.

Réimpression du premier volume avec addition d'un deuxième : — Tomo segundo escrito, por el M. R. P. Baltazar de Santa-Cruz, etc. — Cæsar augustæ (Zaragoça), Dominique Garçon et Pasch. Bueno, 1693, f°, 2 vol.

Pinelo, 689, cite le P. Pedro Martin, de Buena Casa, comme ayant présidé à cette réimpression.

— Un 3ᵉ volume, composé par le P. Vincent Salazar, a été imprimé au collége de Saint-Thomas de Manille, en 1742, f°.

261. **Historiæ** Societatis Jesu pars tertia sive Borgia, Auctore R. P. Francisco Sacchino, Soc. ejusdem sacerdote. Romæ, typis Manelfi Manelfij, 1649, f°.

262. **Pacicidos** libri xII. Decantatur clarissimus P. Francicus Pacicous, Lusitanus, Pontifilimensis, è Soc. J., Japponiæ provincialis, ejusdem Ecclesiæ gubernator, ibique vivus pro Christi fide lente, igne concrematus anno 1626..... Authore patre Bartholomeo Pereira, S. J. Lusitano, Monsonensi. — Conimbricæ, expensis Emmanuelis de Carvalho universitatis typographi 1640, 12°, pp. 218, sans la vie du P. Pacheco, les lim. et la table.

Le P. Pereira, né à Mongão en 1580, mort à Coimbre en 1650.

263. **Relacion** del illustre martyrio de quatro embaxadores Portugueses, en la ciudad de Macan con cinquenta y siete Christianos de su compañia de differentes nationes degollados por nuestra sancta Fe en la ciudad de Nangasaqui, del reyno de Japon, a tres de agosto de l'año de mil y seys cientos y quarenta. Sacada de las informaciones authenticas, y juridicas hechas per el Padre governador del Obispado de China a instancia del Cabildo de la ciudad de Macan. Manila, en la C. de J., por Raymundo Magisa, año de 1641, 4°, pp. 64.

Bibl. du Gesù.

— Relação da gloriosa morte de quatro embaixadores Portugueses, da cidade de Macan, com sincoenta e sete christaõs da sua companhia, degolados todos pella fe de Christo em Nangasaqui, cidade de Jappão, a tres de agosto de 1640. Pello Padre Antonio Francisco Cardim da C. de J., procurador géral da provincia de Jappão. Em Lisboa, Lour. de Anveres, 1643, 4°, feuillets ð non numérotés.

Réimprimé à la suite des Elogios e Ramilhetes. Le P. Cardim, né à Vianna, près Evora, vers 1595, mort à Macao en 1659.

Bibl. du Gesù et Archivo nacional de Lisbonne.

— Autre édition portugaise. Romæ, typis Andreæ Fei, 1646, 8°.

— En Italien: Relatione della provincia del Giapone, tradotta, etc. Roma, 1643, 8°.

— — 1645, 8°.

— — Andrea Fei, 1646, 8°?.

— Et autres éditions.

— En latin: Mors felicissima quatuor legatorum lusitanorum et sociorum quos Japoniæ impe-

rator occidit. Romæ, typis Hered. Corbelletti, 1646, 4°.

— En français: La mort glorieuse de 61 chrestiens de Macao, décapitez pour la confession de nostre sainte foy à Nangazaqui, au royaume du Japon, le 4 d'aoust l'an 1640. Extraicte de la relation faite en langue portugaise par le R. P. Antoine François Cardim, de la C. de J., Proc. gén. de la province du Japon. Imprimée à Lisbonne l'an 1643, avec la copie d'une lettre de Hollande touchant la glorieuse confession de quatre Pères de la mesme compagnie, et de trois chrestiens mis à mort au mesme royaume du Japon, sur la fin de l'an 1642, le tout mis en françois par un Père de lad. compagnie. Lille, Pierre De Rache, 1643, 12°, pp. 46.

L'extrait joint est celui du journal d'Elsdracht, président du commerce hollandais à Nangasaki, sur le martyre du P. Rubino et de ses compagnons.

— Le même: Relation de la province du Japon, écrite en portugais par le P. Franc. Cardim, de la C. de J., trad. du port. en ital. à Rome, de la copie ital. en français par le P. François Lahier, de la même Cᵉ. Tournay, Adrien Quinque, 1645, 8°.

Dans le même volume est la relation du Malabar du P. Barretto. La relation du P. Cardim, pp. 1 à 184; celle du P. Barretto, 185 à 308.

Le P. Lahier, né à Tulle en 1592, † à Pont-à-Mousson en 1636.

— Relation des missions des Jésuites au Japon, au Malabar, en l'isle de Ceilan et autres lieux compris sous le nom de provinces du Japon et du Malabar de la C. de J., trad. du port. de Fr. Cardim, et de l'italien de Fr. Barretti (par le P. Jacques de Machault): Paris, Hénault, 1646, 8°.

Le P. de Machault, né à Paris en 1600, † à Paris en 1680.

— Relation de ce qui s'est passé depuis quelques années jusques à l'an 1644, au Japon, à la Cochinchine, au Malabar, en l'isle de Ceilan, et en plusieurs autres îles et royaumes de l'Orient, compris sous le nom de provinces de Japon et du Malabar, de la C. de Jésus, divisée en 2 parties selon ces deux provinces. 2ᵉ *Titre*: Première partie. Relation de la province du Japon escrite en portugais, par le P. François Cardim, de la C. de J., procureur de cette province, trad. et revue en françois. Paris, Mathurin Hénault et Jean Hénault, 1646, 8°.

Les 182 premières pages du recueil.

264. **Saverio** orientale ò vero Istorie de' Cristiani illustri dell' Oriente li quali nelle parti Orientali sono stati chiari per virtù e pietà christiana, dall' anno 1542, quando S. Francesco Saverio, apostolo dell' Indie, e esso i religiosi della C. di G., penetrarono a quelle parti sino all' anno 1600, raccolte dalle lettere scritte in Europa, da medesimi religiosi, i quali si sono ivi affaticati nella conversione de' gentili, e da altri autori. Dal R. P. Bernardino Ginnaro, Napoli-

tano della C. di G. Tomo I (seul paru) del Giappone e de Cristiani illustri de quei regni. Parte prima. Dello stato temporale del Giappone. Parte seconda. De' religiosi della C. di G., chiari per virtù, nel Giappone. Parte terza. Dei fedeli di Cristiana pietà illustri nel Giappone. In Napoli, per Francesco Savio, 1641, f°, pp. 320, 382, et 300 (pour les 3 parties).

Le P. Ginnaro, né à Naples vers 1577, mort à Naples en 1644.

265. **Racconto** dell' inaudito, e pietoso martirio di settantanove, e più invitti martiri del sacro ordine dei predicatori, e di molti altri martirizzati al Giappone, mandato dal R. P. Niccoló Ridolfi generale a tutti i padri della sua religione per una lettera elegantissima stampata in Roma in latino, e nella italiana lingua tradotta dal P. Giuseppe Lamberti. Venezia, 1642, 8°?

266. **Lettre** d'un Japonais, 1642.

Voyage des Indes, t. X, p. 179.

267. **Campen.** Mémoire touchant le commerce du Japon (prob. 1642).

Voyage des Indes, t. X, p. 187.

268. **Gloriosa** coroa d'esforçados religiosos da companhia de Jesus mortos polla fe catholica nas conquistas dos reynos da coroa de Portugal. Composta pello P. Bertholameu Guerreiro, da mesma companhia. Em Lisboa, Ant. Alvarez, 1642; f°, pp. XII et 747.

Le P. Bart. Guerreiro, né à Almodovar, en 1560, mort à Lisbonne, en 1642.

Bibl. du Gesù.

269. **Relaçam** do nlevantamento de Ximabàra e de seu notavel cerco, e de varias mortes de nossos Portuguezes polla fé, acrecenta se outra da jornada, que Francisco de Sousa de Castro fez ao Achem, em que tambem se apontam varias mortes de Portuguezes naturais d'esta cidade, e de outras do reyno, em defensão de nossa santa Fé. Com' alguãs vitorias alcançadas depois da felice aclamação del rey nosso Senhor, contra nossos inimigos no estado da India. Escrita por Duarte Correa, familiar do S. Officio, natural de Alèquer, estando preso por confissão da Fé, pela qual deu a vida em fogo lento. Em Lisboa, por Manoel da Sylva, anno 1643, 4°, f° II (non chiffrés) et 9 chiffrés).

Bibl. nac. de Lisb., et Livr. de Archiv. nac. Bibl. imp. de Paris (Varios escriptos O. 4° 548). — V. Fig. 911.

270. **Ideas** de virtud en Algunos claros varones de la Compañia de Jesus, recopilados por el P. Juan Eusebio Nieremberg, de la misma Compañia. Madrid, por Maria de Quiñones, 1643, f°.

Ce premier volume a été suivi de 3 autres sous différents titres :

— Firmamento religioso de luzidos astros en algunos claros varones de la C. de J. Complcense en este tomo, y en el antecedente una centuria entera. Madrid, por el mismo, 1644, f°.

— Honor del gran Patriarca san Ignacio de Loyola, fundador de la C. de J., en que se propone su vida, y la de su dicipulo el apostol de las Indias S. Francisco Xavier. Con la milagrosa historia del admirable Padre Marcelo Mastrilli, y las noticias de gran multitud de hijos del mismo Padre Ignacio, etc. Madrid, por el mismo, 1645, f°.

— Vidas exemplares, y venerables memorias de algunos claros varones de la Compagnia de Jesus delos quales es este tomo quarto. En Madrid, por Aloso de Paredes, 1647, f°.

Le P. Andrade a fait 2 volumes formant la suite, imprimés en 1666-7. V° à cette date.

— Traduction française. Bordeaux, Millanges, 1687.

271. **Journael** enz. van de reyse door de Straet le Maire en naar Chili, onder Hendrick Brouwer, alsmeede een beschrijvinghe van het eijlandt Eso, soo als het eerst in den jare 1643, van 't schip Castricoom bezeijlt ende ondervonden is. Amsterdam, 16....

Cette relation d'Yesso par les Hollandais. (Voyage du Castricoom en 1643) se trouve en Charlevoix, T. VI, p. 65, dans Thévenot et dans les Voyages au Nord.

272. **Herrera.** Alphabetum Augustinianum, ... 1644, f°?

273. **Vita** e morte del P. Marcello Francesco Mastrillo, della C. di G., composta dal Padre Leonardi Cinami, della m. C. Viterbo, Diotallevi, 1645, 4°.

Le P. Cinami, mort vers 1664.

— La même, abrégée, par Giov. Accolito. — In Bologna, erede del Benacci, 12°, S. D. (Vers 1555).

274. **Chronica** da Companhia de Jesu na provincia de Portugal e do que fizeram, nas conquistas d'este reyno, os religiosos, que na mesma provincia entràram, nos annos em que viveo S. Ignacio de Loyola, pelo P. M. Balt. Tellez, da mesma C. : 1ª parte, na qual se contem os principios d'esta provincia, no tempo que a fundou, e governou, o P. M. Simam Rodrigues, com sua sancta vida e morte. Lisboa, Craesbeck, 1645, f°.

— 2ª parte, na qual se contem as vidas de algũs religiosos mas assinalados, que na mesma provincia entràram, nos annos em que viveo S. Ignacio de Loyola nosso fundador. Com o summario das vidas dos serenissimos reys Dom Joam III°°, e Dom Henrique, Fundadores, e insignes bemfeytores desta Provincia. Lisboa, Craesbeck, 1647, f°.

Bibl. du Gesù et de la Minerve. V° Fig., 4290. Le P. Tellez, né à Lisbonne en 1595, mort en 1675.

275. **Fasciculus** è Japonicis floribus suo adhuc madentibus sanguine, compositus a P. Aut. Fr. Cardim, S. J. Roma , typis heredum Corbelletti, 1646, 4°.

Carte du Japon très-intéressante.

— En portugais : Ant. Franç. Cardim. Elogios e ramalhete de flores, borrifado com o sangue dos religiosos da C. de J., a quem es tyrannos do Imperio do Japão tiraram as vidas, por odio da Fé catholica, com o catalogo de todos os religiosos e seculares que, per odio da mesma Fé, foram mortos naquelle imperio ate o anno de 1640. Lisboa, por Manuel de Silva, 1650, 4°, avec figures.

Fig., 1443.

276. **Catalogus** regularium et secularium qui in Japoniæ regnis usque a fundata ibi a S. F. Xaverio ecclesia, ab ethnicis in odium Christianæ fidei sub quatuor tyrannis violenta morte sublati sunt. Collectus a P. Ant. Fr. Cardim.
— Roma, typis hered. Corbelletti, 1646, 4°.

277. **Caron**. F., Beschryvinghe van het Machtigh Coninckrycke Japan, vervattende den aert en eygenschappen van 't Landt, manieren der volkeren, alsmede hare grouwelyke wreedtheydt teghen de Roomsche Christenen. Hierby J. Schouten, Beschryvinghe van de Regeeringhe, Macht, Religie, Costuymen, Traffycquen en andere remercquable saken des Coninghryex Siam. Gestelt in den jare 1636. Amst. 1648, 4°, 78 blz.

A la suite du récit de Caron sont le détail d'une grande fête célébrée à Méaco en 1626, par Conrad Krammer, et la description de Siam, par Schouten.

Carou composa deux relations qui diffèrent essentiellement : La première, dont le titre précède, est une narration continue avec des additions par Hagenaar ; la seconde, dont le titre suit, est en forme de réponse à des questions proposées. — On trouve la première dans les Voyages des Indes, t. X, et la seconde dans Thévenot et dans les Voyages au Nord, t. IV.

277 bis. **Rechte** beschryvinge van het machtigh koninghryck van Iappan, Bestaende in verscheyde Vragen, betreffende des selfs regiering, coophandel, maniere van leven, strenge justitie, etc., voorgestelt door den Heer Philips Lucas, Directeur general wegens den Nederlandsen staet im India, ende door de Heer Françoys Caron, president over de comp. ommesiach in Iappon, beantwoort in den Iare 1636. Welcke nu door denselben autheur oversien, vermeerdert en uitgelaten is de fabuleuse aenteekeningen van Hendrick Hagenaer, so dat nu alles met zijn voorige origineel komt te accorderen en met kopere figueren berryckt. In 's Gravenhage, by Johannes Tongerloo, 1662, 4°, pp. 6 et 96, avec planches.

— A la suite est : Historie der martelaren die in Jappan om de de Roomsche catholijcke religie, schrickelijcke, ende onverdraghelijcke pynen geladen hebben, ofte ghedoodt syn, beschreven door Reyer Gysbertz.
— La 2° réédité : 1715.
— La même en anglais, trad. par Manley. London, 1663, 8°.

— London, 1761, 8°, avec carte.
— En allemand : Nürnberg, 1663, 8°.

278. **Bernardus** Varenius. Descriptio regni Japoniæ et Siam, item de Japoniorum et Siamensium religione, etc. Amst., 1649, 8°.

Continue la relation de Gysbert, et donne l'état du Japon de 1642 à 1649.

— Cantabrigæ, 1673, 8°.
— 1678, 8°.

279. **Relazione** de' felici successi della santa fede predicata dai padri della C. di G., nei regno di Tunchino, del P. Alessandro de Rhodes. Roma, Gius. Luna, 1650, 4°.

Le P. de Rhodes, né à Avignon en 1591, mort en Perse en 1660.

— En français : Histoire du royaume de Tunquin, etc., composée en latin par le P. Alex. de Rhodes, de la C. de J., et trad. en français par le R. P. Henry Albi, de la m. C. Lyon, Jean-Bapt. Devenet, 1651, 4°.
— En latin : Tunchinensis historiæ libri II, etc. Lugduni, sumptibus Joannis Baptistæ Devenet, 1652, 4°.

280. **Il Saverio** apostolo dell' Indie, poema sacro di Benedetto di Virgilio Bifolco della villa Barrea. Roma, Eredi Corbelletti, 1650, 12°, pp. 516.

281. **Encade** panegyrica detta à S. Francisco Saverio (par le P. Alberti de la C. de J.). In Bologna, per Carlo Zenera, 1650, 12°.

C'est un recueil de 9 panégyriques en l'honneur de S. François Xavier.

Le P. Alberti (Jean-André), mort à Gênes en 1637.

282. **Relation** de ce qui s'est passé dans les Indes-Orientales en ses trois provinces de Goa, de Malabar, du Japon, de la Chine et autres pays nouvellement découverts, par les PP. de la C. de Jésus, présentées à la S. C. de la Prop. de la Foi, par le P. Jean Maracci, procureur de la prov. de Goa, au mois d'avril 1649. Trad. d'ital. en français, par le P. de Machault, et suivi d'une lettre du P. Ant. Barradas, datée de 1650. Cramoisy, 1651, 8°.

Bibl. imp. O 8°. 1642-3, et O 8°. 1627.

283. **Historiæ** Societatis Jesu. Pars quarta sive Everardus. Auctore R. P. Francisco Sacchino, Soc. ejusd. sacerdote. Roma, typis Dominici Manelphij, 1651, f°.

284. **Agiologio** lusitano dos santos e varones illustres em virtude do reino de Portugal e suas conquistas, pelo lic. Jorge Cardoso, T. 1. Lisboa, Craesbeck, 1651 et 2, f°.
— T. 2. Lisboa, Henrique Valente, 1657, f°.
— T. 3. Lisboa, Ant. Craesbeeck de Mello, 1666, f°.

Bibl. imp., O, f° 779, 780, 780-1.

Les 3 premiers volumes comprennent les 6 premiers mois de l'année.

284 *bis.* Agiologio lusitano, Tomo IV, por Ant. Caet. da Souza. Lisboa, offic. Silviana, 1744, f°.

Ce dernier tome comprend juillet et août. L'ouvrage n'a pas eu d'autre suite. — Voir Fig., 1835 et 1574.

285. **Breve** relatione della gloriosa morte che il P. Antonio Rubino, della C. di G., visitatore della prov. del Giappone, e Cina, sofferse nella città di Nangasachi dello stesso regno del Giappone, con IV altri Padri della m. Comp. Cioè il P. Antonio Capece, il P. Alberto Micischi, il P. Diego Morales, e il Padre Francesco Marquez, con tre secolari. Di marzo nel 1643. Roma, heredi Corbelletti, 1652, 4°, pp. 88, avec une gravure du martyre.

L'original portugais inédit est du P. Pedro Marques, Japonais, né à Nangasaki, mort probablement au Tonkin. La version italienne est attribuée au P. Fr. Rosini, par l'auteur de la vie du P. Meçinski. Au Gesù se trouve une copie manuscrite de la version italienne. Elle diffère très-peu de l'imprimé.

— En français : Histoire de la vie et de la glorieuse mort de cinq Pères de la C. de J., qui ont souffert dans le Japon avec 3 séculiers en l'année 1643, par le R. P. Alexandre de Rhodes, de la C. de J. Paris, Séb. Cramoisy, 1653, 12°.

Bibl. imp., O, 8°, 1689, et Propag. de la Foi.

— Douay, Jean Serrurier, 1654, 8°, pp. 135.

286. **Relations** des progrez de la foy au royaume de la Cochinchine, vers les derniers quartiers du Levant, envoyés au P. général de la C. de J., par le P. Alex. de Rhodes, employé aux missions de ce païs. Paris, Séb. et Gabriel Cramoisy, 1652, 8°.

287. **Bartoli.** Dell' istoria della Compagnia di Giesu l'Asia. Parte 1ª. Roma, Ignazio de Lazzeri. 1653, f°.

Dans ce premier volume, le P. Bartoli donne une vie très-complète de S. François Xavier.

Bartoli (le P. Daniel), né à Ferrare en 1608, mort à Rome en 1685.

— Genova, Benedetto Guasco, 1656, 4°.

— Editione terza accresciuta della missione al Mogor e della vita e morte del P. Ridolfo Aquaviva. Roma, stamperia Varese, 1667, f°.

— La 1ʳᵉ partie en latin : De vita et gestis S. Francisci Xaverii , e Soc. Jesu, Indiarum apostoli, libri IV. Ex R. P. Danielis Bartoli, e Soc. Jesu, Italico Romæ approbato et edito, latine reddita P. Ludovico Janino ex ead. Soc. Lugduni, sumptibus Adami Demen, 1666, 4°.

Cette version contient les livres 1 à 4 de l'histoire asiatique de Bartoli.

Le P. Ianinus (Janin ?), né à Nantua vers 1590, mort à Lyon en 1672.

— La vie de S. François-Xavier, traduite en castillan par le P. Alonzo de Andrade, 1658, 4°.

— Dell' istoria della Compagnia di Giesu, il Giappone, parte seconda dell' Asia. Roma, Ignazio de Lazzeri, 1660, f°, 2 vol.

— La 2ᵉ partie en latin : Asiaticæ historiæ Societatis Jesu, pars posterior, libris IV consequentibus pertexens quæ post beatum S. Xaverii obitum Societ. Patres ad Dei gloriam in iisdem provinciis gessère. (Même traducteur.) Lugduni, Ad. Demen, 1667, 4°.

— Dell' istoria della Compagnia di Giesu la Cina, terza parte dell' Asia (*Chine, Cochinchine et Tonquin*). Roma, Stamperia Varese, 1663, f°.

— La 3ᵉ partie en latin : Asiaticæ historiæ Societatis Jesu, pars tertia, libris IV comprehensa. (Même traducteur.) Lugduni, Ad. Demen, 1670, 4°.

— Réimpression de toute l'Asia (texte italien). Piacenza, Maino, 1819, 8°, 8 vol.

288. **Encomiasticon** Augustinianum, in quo personæ Or. Eremit. S. P. N. Augustini sanctitate, prælaturâ, legationibus, scriptis, etc., præstantes enarrantur, authore R. P. F. Philippo Elssio, Belga Bruxellensi, ejusd. ord. S. P. N. Augustini religioso. Bruxellis, ex typ. Franc. Vivieni, 1654, f°.

Biblioteca angelica.

289. **Relation** de ce qui s'est passé en l'année 1649, dans les royaumes où les Pères de la Compagnie de Jésus de la province du Japon publient le saint Evangile (par le P. Alex. de Rhodes). Paris, Florentin Lambert, 1655, 8°.

— Paris, Florentin Lambert, 1657, 8°.

290. **Sommaire** des divers voyages et missions apostoliques du R. P. Alex. de Rhodes, de la C. de J., à la Chine et autres royaumes de l'Orient, etc. Paris, Florentin Lambert, 1655, 8°.

291. **M. Martinii** Atlas sinensis. Amsterdam, 1655, f°.

Cet atlas est le tome XI de la collection Blaeu : les additions sont seules relatives au Japon.

292. **Asiæ** nova descriptio, in qua præter provinciarum situs, et populorum mores, mira deteguntur et hactenus inedita. Opus recens exit in lucem cura L. M. S. Lutetiæ Paris., Séb. et Gab. Cramoisy, 1656, f°.

Sur le Japon, Liv. VIII, ch. 1 à 10, pp. 325 à 389.

Bibl. imp., O, f° 1056.

L'auteur est le P. Georges Fournier, de la C. de J., mathématicien, né à Caen en 1595, mort à La Flèche en 1652.

293. **Proventus** messis dominicæ fratrum discalceatorum ord. Erem. S. Augustini congr. hispanæ labore perceptus, per Fr. Andream a S. Nicolao, ejusd. ord. alumno. Romæ, ap. hæred. Colinii, 1656, 4°, pp. 213.

Composé de 10 manipules ; le 5ᵉ à 8ᵉ sont du Japon ; le 8ᵉ contient la vie en vers latins, par le P. André de S. Nicolas, de la bienheureuse Marie Madeleine, martyre japonaise. — Bibl. de la Propagande.

294. **Delle** missioni de Padri della C. di G., nella

[A. 1657—1664] BIBLIOGRAPHIE JAPONAISE. [A. 1661—1664]

provincia del Giappone et particolam. di quella di Tunkino, libri V, del P. Gio. Fil. de Marini, della med. C. Roma, Tinassi, 1657, 4°

Seulement les 29 premières pages du Japon. — Le P. de Marini, Génois, alla d'abord au Tonkin, puis fut provincial du Japon ; il vivait encore en 1677.

— Roma, Tinassi, 1663, 4°.
— Le même ouvrage: Historia e relatione del Tunkino et del Giappone, etc., divid. in duo parti. Venezia, appresso gli heredi di Franc. Storti, 1665, 12°.
— En français: Relation nouvelle et curieuse des royaumes de Tunquin et de Lao, etc., trad. de l'italien du P. Mariny, Romain, par L. P. L. C. C. (le Père Le Comte, célestin). Paris, Gervais Clouzier, 1666, 4°.

295. **Mortes** illustres et gesta eorum de Societate Jesu qui in odium fidei, pietatis, aut cujuscunque virtutis, occasione missionum, sacramentorum administratorum, fidei aut virtutis propugnatæ, ab ethnicis, hæreticis, vel aliis, veneno, igne, ferro aut morte alia necati, ærumnisve confecti sunt, auctore Philippo Alegambe, S. J. Extremos aliquot annos, mortesque illustres ad annum 1655, adjecit Joannes Nadasi, ejusd. Soc. Jesu. Romæ, 1657, ex typogr. Varesii, f°, pp. 716.

Le P. Alegambe, né à Bruxelles en 1592, † à Rome en 1652.
Le P. Nadasi, né à Tyrnau en 1614, † à Vienne? après 1676.

296. Missi evangelici ad Sinas, Japoniam et oras confines, Integri doctrinæ labiisque puri, nec ex admissa locutionum mente restrictarum honestate, in foveam acti. Leodegarius Quintinus Heduus s. t. d., innoxios texit, baubantem lyciscam compescuit, veritati misere dilaceratæ præsto fuit. Antuerpiæ, 1659, 8°, pp. 137.
— En français : Missions des JJ. aux Indes-Orientales, Paris, 1659, 8°.

297. **Secoli** Agostiniani overo Historia generale del sacro ordine Eremitano del gran dottore di santa chiesa S. Aurelio Agostino vescovo d'Hippona, divisa in XIII libri, composta dal R. P. F. Luigi Torelli da Bologna, etc. Bologna, 1659, f°, 8 vol.
Biblioteca angelica.

298. Diego Luis de San Vitores. Epitome de los hechos, virtudes, doctrina y milagros antiguos y modernos de S. Francesco Xavier. Mexici, typis Augustini de S. Stephano et Francisci Lupercii, 1661, 4°.

Le P. Luis de S. Vitores, né à Burgos en 1627, martyr à Guam, île de la mer Pacifique, en 1672.

299. **Peralta** Calderon? El apostol de las Indias y nuevas gentes. Mexico, 1661, 4°.
Catal. Salvá.

300. **Vita** et mors gloriosè suscepta R. P. Alberti Mecinski, Poloni, e Soc. Jesu in odium sanctæ fidei catholicæ apud Japones una cum aliis quatuor ex eadem Societate Patribus interempti, anno D. 1643, 23 martii. Cracoviæ, apud Viduam Franc. Cezares, 1661, 8°, pp. 199.

Attribuée au R. P. Druzbicky, d'après la Revue de Posen (4° liv. 2° semestre 1858) ; et, d'après d'autres autorités, au R. P. Jean Biesanowski (mort en 1658).
— Vita et mors gloriosè suscepta R. P. Alberti Menciski, è Soc. J., à P. Druzbicky, S. J. conscripta. Metis, typis C. Nouvian, 1858, 8°, pp. 180.

A la fin se trouve une courte notice sur la vie et la mort du V. P. Martin Laterna, également martyrisé au Japon, le 30 septembre 1598, écrite par le R. P. Kurowski, un des documents authentiques.

— En polonais: Cracovie, 1699, 8°.
— En français?

301. **Historiæ** Societatis Jesu pars quinta, sive Claudius, Tomus prior, auctore Francisco Sacchino, ejusdem Societatis sacerdote. Res extra Europam gestas, et alia quædam supplevit Petrus Possinus, ex eadem Societate. Romæ, ex typographia Varesii, 1661, f°.

302. **Abrégé** de la vie de S. François Xavier, et ses nouveaux miracles, par le P. Ant. Girard. Paris, François Muguet, 1662, 8°.
Sorbonne.
— La vie et les miracles de S. François Xavier, apôtre des Indes, de la C. de J., recueillis par le P. Ant. Girard, de la même C., revue et mise en meilleur ordre. Bruxelles, Le Charlier, 1806, 18°.

303. **Labor** evangelico , ministerios apostolicos de los obreros de la Compañia de Jesus, fundacion, y progressos de su provincia en las islas Filippinas, historiados por el P. Francisco Colin, provincial de la misma compañia... Parte primera. Sacada de los manuscriptos del Padre Pedro Chirino, etc. En Madrid, por Joseph Fernandez de Buendia, 1663, f°.
Bibl. imp., O, f° 4114.
Le P. Colin, né en Catalogne, mort à Manille en 1660.

304. **Thévenot.** Relations de divers voyages curieux, qui n'ont point encore été publiés, ou qui ont été traduits d'Hakluyt, de Purchas, et d'autres voyageurs anglais, hollandais, portugais, allemands, espagnols; et de quelques persans, arabes et autres auteurs orientaux. Paris, Cramoisy, 1664-66, 3 vol, f°, fig. et cartes.
— Paris, 1696, f°, 4 parties en 2 vol.

2° partie: État présent des Indes : Portugais et Hollandais. — Avis d'un facteur hollandais sur le commerce. — Autre avis sur le commerce du Japon (lettre du gouverneur général). — Relation des Philippines (lettre de Mastrilli). — Relation du Japon par Caron. Martyrs du Japon par Royer Gysberts. Découverte d'Yesso.
3° partie : Rapport hollandais sur le commerce des Indes orientales.

[A. 1664-1668] BIBLIOGRAPHIE JAPONAISE. [A. 1669-1674]

305. **Historia** general de los religiosos descalzos del orden de los ermitaños del gran Padre y doctor de la Iglesia san Augustin de la congregacion de España y de las Indias; por el P. Fr. Andres de S. Nicolas, hijo de la mesma congregacion, su coronista, y rector del Colegio de Alcala de Henares. Tomo I^{ro} (desde el año 1588 hasta el de 1620), dividido en 3 decadas. Madrid, Andres Garcia de la Iglesia, 1664, f°.
— E por el P. Fr. Luis de Jesus, hijo de la misma congregacion, lector jubilado, cronista general, y provincial actual de Castilla vieja y nueva. Tomo II° (desde el año de 21 hasta el de 50), dividido en 3 decadas. Madrid, Lucas Antonio de Bedmar, 1681, f°.

Le 2° volume contient des informations essentielles et plusieurs lettres originales.

Minerve et Bibl. imp., H f°, 667-668.

306. **Discours** touchant l'établissement d'une comp. française pour le commerce des Indes-Orientales. Paris, 1664, 4°.

Ce mémoire est attribué à Caron.

307. **Articles** et conditions de la comp. des Indes-Orientales. Paris, 1664, 4°.

308. **Relation** de l'établissement de la comp. des Indes-Orientales. Paris, 1665, 4°.

309. **Histoire** d'une expédition de la comp. des Indes de France, par Charpentier. Paris, 1665, 4°.

310. **Sol** do Oriente S. Francisco Xavier da companhia de Jesus, novamente tirado a luz pelo P. M. Antonio da Silva, da m. C., do qual como en breve mappa descreve os dez annos de sua milagrosa vida no Oriente. Lisboa, Ant. Craesbeeck de Mello, 1665, 24°, pp. 562.

A la fin se trouve : Noresa de Santo. — Voir Fig. 1541.

311. **Asia** portugueza, por Manoel de Faria y Souza. Lisboa, Henr. Valente, 1666-74-75, f°, 3 vol.

Bibl. imp. et Minerve.

312. **Varones** ilustres en santidad, letras, y zelo de las Almas, de la C. de J. Tomo V° á los quatro que saco á luz el venerable y erudito padre Juan Eusebio Nieremberg de la C. de J., por el P. Alonso de Andrade, de la m. C. de J. Madrid, Joseph Fernandez de Buendia, 1666, f°.
— Varones, etc. (*même titre*), tomo VI°. Ibid., 1667, f°.

Voir la continuation par le P. Cassani, sous ce titre : Glorias del segundo siglo, etc., publiée en 1734.

313. **Journal** van de Voyagie van 't Jacht de Sperver v. Batavia naar Japan, 1668, 4°, fig.

Vente Van Voorst (1859).

314. **Montanus**, A. Gesantschappen d. O. I. Maatsch. in Nederl. aan de Kaisaren van Japan, met beschrijv. der Steden, Godsdienst,
Dragten, Gebouven, Dieren, Gewassen, enz. der Japanders. Amst., 1669, f°, avec planches.

Bibl. imp., O. f° 4103.

— En allemand : Denkwürdige Gesandtschaften der Ostindischen Gesellschaft in den Vereinigten Niederländern, an unterschiedliche Keyser von Japan, mit eine beschreibung der Dörfer, Festungen, Städte, Götzendiensten, Kleidertrachten, etc., der Japan. Mit Kupferst. gezieret (von Arnold Montanus). Amsterdam, 1669, f°, pp. 452.
— Amsterdam, 1670, f°.
— Amst., 1680, f°.
— En anglais, trad. par Ogilby, sous le titre de : Atlas Japanensis, etc. London, 1670-1-3, f°, 3 v.
— En français : Ambassades mémorables de la Compagnie orientale des Provinces-Unies vers les empereurs du Japon, 1680, f°.
— Leyde, 1685, f°.
— Leyde, 1686, 12°, 2 vol.
— Ambassades de la Compagnie hollandaise des Indes orientales vers l'empereur du Japon, avec une relation des guerres civiles du Japon. Paris, Pierre Witte, 1722, 8°, 2 tomes en 3 parties.

315. **Sot** uyt de Mauw dat is Arent Montanus Geuschen Predikant binnen Schoonhoven wederom op de been met syn Japansche Ghesantschappen onlancks gedruckt t' Amsterdam by Jacob van Meurs. Wordt tot spot ghestelt, en wederleydt door P. Corn. Hazart, etc. T' Antwerpen, by Michiel Cnobbaert, 1670, 8°, pp. 90. Car. goth.

Critiqué, par le P. Hazart, de la C. de J., des Ambassades de Montanus.

316. **Relation** du naufrage d'un vaisseau hollandais sur la côte de l'Ile de Quelpaerts; avec la description du royaume de Corée, traduite du flamand par M. Minutoli. Paris, Louis Billaine, 1670, 12°, pp. 166.

317. **D. Francisco** de la Torre Sevil. — El peregrino Atlante, vida de San Francisco Xavier, en elegante castellano. 1670, 4°.
— 1695, 4°.
— 1728, 4°.

318. **La Vie de S. François Xavier**, apôtre des Indes, de la C. de J., par le P. Jean de Bussières, de la même Compagnie. Lyon, Ant. Molin, 1671, 12°, pp. 638.

Le P. de Bussières, né en 1607 à Villefranche près Lyon, mort en 1678.

319. **P. Baldœus**, Japoniæ descriptio. Amsterd., 1671, f°.

320. **Arnold**, Chr. Wahraftige Beschreibung der Königr. Japan, Siam u. Corea, denen noch beigefügt J. J. Merklein Ost-indianische Reise. Nürnberg, 1671, 8°, planches.

321. **Fr. Joseph** de Santa Cruz, Franciscano-

— 35 —

Historia de la provincia de San Miguel de San Francisco, 1671, f°, 2 tomes.
Pinelo, 758.

322. Vida y Milagros de S. Francisco Xavier de la C. de J. apostol de las Indias, por el P. Fr. Garcia, de la misma Comp. de J. Madrid, por Juan Garcia Infanzon, s. d., 4°, pp. 490. Portrait.

Avec la neuvaine en l'honneur du saint. — L'approbation est de 1672. — Le P. Garcia, né à Baleares en 1641, mort à Madrid vers 1690.

— Vida i Milagros de San Francisco Xavier, apostol de las Indias. Toledo, Francisco Calvo, 1673, 4°.

— Madrid, Joseph Fernandez de Buendia, 1676, 4°.

322 bis. Novena a San Francisco Xavier, y la devocion de las diez Viernes al mismo santo, por el P. Franc. Garcia. Pamplona, Martin Joseph de Rada, 32°, s. d. ni pag.

— Villagarcia, Imprenta del seminario, 1758, 32°, pp. 32.

— Valencia, D. Benito Montfort, 1820, 24°, pp. 46.

323. Voyages des grandes Indes de De La Haye et Caron, en 1670 et 1672. Paris, 1674, 12°.

323 bis. Relation du journal d'un voyage fait aux Indes orientales depuis l'année 1671 jusqu'en 1675, contenant l'état des affaires du pays et les établissements qui s'y sont faits de plusieurs nations. Paris, 1677, 12°.

— Orléans, 1697, 12°.

323 ter. Journal du Voyage des grandes Indes, contenant tout ce qui s'y est fait et passé, par l'escadre de S. M. envoyée sous le commandement de M. de la Haye, depuis son départ de La Rochelle, au mois de mars 1670, etc., jusqu'en 1674 (rédigé par Delahaye et Caron). Paris, Pepie, 1698, 8°.

On y voit les desseins de Louis XIV et les services rendus par Caron à la France.

324. M. Kloping et E. Wilmans. Voyage au Japon : avec le voyage d'une ambassade russe. Wyzingsborg, 1674, f°.

325. Tavernier, J. B. Six Voyages en Turquie, en Perse et aux Indes, et recueil de plusieurs relations et traitez singuliers et curieux, sur le Japon; hist. de la conduite des Hollandois en Asie, etc. Amst., 1674, 8°.

— 1679, 8°, 3 vol.
— 1692, 8°, 3 vol.
— En hollandois : Amst., 1682, 4°, 3 vol., avec planches.

325 bis. Tavernier, Recueil de plusieurs relations et traités. Paris, 1679, 4°.

I. Relation du Japon et de la cause de la persécution des chrétiens dans ses îles, avec la carte du pays. V. Histoire de la conduite des Hollandais en Asie.

326. Congregatione sacrorum Rituum Sive Em. ac Rev. D. Card. Azzolino Japponen. Canonizationis, seu declarationis Martyrii Vener. servorum Dei Fr. Alphonsi Navarrete Ordinis prædicatorum, Petri de Avila ordinis Minorum S. Francisci, Petri de Zunica Ordinis Eremitarum S. Augustini, Caroli Spinulæ Societatis Jesu, ac sociorum respective tam eorundem ordinum, quàm etiam sœcularium pro fide catholica in Japponia interemptorum. Positio super dubio an constet de martyrio, et causa martyrii in casu, etc. Romæ, ex typographia Rever. Cam. apostolicæ, 1675, f°, pp. 473, 51, 70, 35, 46.

Gesù, Minerve, et autres bibl. de Rome.

327. Martyrologio singular da invictissima Japoneza a veneravel virgem Maria Magdalena mantellata dos Agostinhos descalços. — Escrita pelo P. M. Fr. Antonio de Santa Maria, Agostinho descalço, lente de artes no convento de N. Senhora das Mercês da cidade de Evora. Lisboa, Ant. Rodriguez de Abreu, 1675, 16°, pp. 230.

Contient 45 éloges, et la vie en vers latins. — Minerve, Y, XIII, 7.

328. Tanner. Societas Jesu usque ad sanguinis et vitæ profusionem militans, in Europa, Africa, Asia et America, contra gentiles, mahometanos, judeos, hereticos, impios, pro Deo, fide, ecclesia, pietate. Sive vita et mors eorum qui ex Societate Jesu in causa fidei et virtutis propugnatæ violenta morte tollere sublati sunt. Auctore R. P. Matthia Tannero e Soc. J.–Pragæ, typis universitatis Carolo-Ferdinandeæ, in collegio Soc. J. ad S. Clementem per Joan. Nicol Hampel, factorem, 1675, f°, pp. 584, figures nombreuses.

Le P. Tanner, né à Pilsen en 1630, mort à Prague en 1692.

— En allemand : (trad. par le P. Barthel. Christelius) : Die Gesellschaft Jesu, d. i. Lebenswandel und Todesbeschreibung derjenigen aus der Gesellschaft Jesu, die um Vertheidigung des Glaubens gewaltthätig hingerichtet werden. Mit vielen Kupfern von Kyssel. Prag., 1683, f°.

329. Monumenta dominicana (par le P. Fontana). Roma, 1675, f°.

330. Formosa ('t Verwaarloosde) of waerachtig verhael van het verwaarloosen van dit eiland door de Nederl. en het overrompelen door de Chineesen. Met bijgevoegde authent. bewijzen. Bijeenverg. door C. E. S. Amst., 1675, 4°, met platen.

Cat. Muller.

— En français : Formose négligé. Voy. des Indes, t. X, p. 202.

331. De la Navigation par le pôle N. vers le Japon, etc. (en holland.), Hambourg, 1676, 4°.
Ternaux, 2310.

332. **Struijs,** J. J. Drie Reysen door Italien, Griekenlandt, Lyflandt, Moscovien... Oost-Indien, Japan en versch. and. Gewesten v. 1647-1673. Amst., 1676, 4°, avec planches.
— Amst., 1685, 4°.
— Amst., 1686, 4°.

332 bis. Struys, J. J., Drie Reizen door Italien, Griekenland, Moscovien, Persien, Oostindien, Japan enz.. Nieuwe druk met: van der Heidens Schipbreuk van 't Jacht ter Schelling. Amst., 1746, 4°, met. pl.
— En français: Voyages en Moscovie, en Tartarie, en Perse, aux Indes, etc., accomp. de remarques, etc., par Mr Glanius. Amst., aux dépens de la Comp., 1724, 3 tom. en 1 vol. 8°, avec gravures.

333. **Constitutiones** apostolicæ, brevia, decreta, etc., pro missionibus Sinarum, Tunquini, etc. Juxta exemplar Romæ. Parisiis, C Angot, 1676, 12°.

Contient : Duodecim dubia Japonica, cum eorum responsis a theologis Romæ consultis, jussu Em. sacræ congregationis de Propaganda Fide.
Bibl. imp. E. 8°, 1794. — Sorbonne, Th. pm. 45°.

334. **Bibliotheca** scriptorum Societatis Jesu; opus inchoatum a R. P. Petro Ribadeneira ejusd. Soc. theologo A. S. 1602, continuatum a R. P. Philippo Alegambe ex ead. Soc. usque ad A. 1642, recognitum, et productum ad annum jubilœi 1675 a Nathanaele Sotvello ejusd. Soc. presbytero. Romæ, ex typog. Jacobi Antonii de Lazzaris Varesii, 1676, f°, pp. xxxvi-982.

335. **L'Année dominicaine,** ou les Vies des Saints, des bienheureux, des martyrs et des autres personnes illustres ou recommandables par leur piété, de l'un et de l'autre sexe, de l'ordre des FF. Prêcheurs, pour tous les jours de l'année, avec un martyrologe, par le R. P. J.-B. Feuillet, religieux du même ordre. 4°, 12 vol.
— Suppl'. par le P. Souèges, 4°, 4 vol. — Amiens, Guislain Lebel, 1678 et années suiv.

336. **Hagendorn.** De Catechù sive terrâ Japoniæ. Ienæ, 1679, 8°.

337. **Fray Juan** de Avila y Rosas, Min. osserv.
— Martirio de S. Felipe de Jesus en el Japon. Mexico, 1681, 4°.

338. **La Vie** du P. Charles Spinola, de la C. de J. (par le P. Pierre d'Orléans de la même Compagnie). Paris, Estienne Michallet, 1681, 12°, pp. 223.
— Paris, 1693, 12°.

Le P. d'Orléans, né à Bourges en 1641, † à Paris en 1698.

339. **Compendio** de las historias de los descubrimientos, conquistas, y guerras de la India oriental, y sus islas, desde los tiempos del Infante don Enrique de Portugal, su inventor, hasta del rey D. Felipe II de Portugal, y III de Castille, y la introduccion del comercio Portugues en las Malucas, etc., y añadida una descripcion de la India, etc., por D. Joseph Martinez de la Puente. Madrid, imprenta imperial, por la Viuda de Jos. Fern. de Buendia, 1681, 4°. 380 pp. et 34 non numerotées.

340. **La Vie** de S. François Xavier, de la C. de J., apôtre des Indes et du Japon, par le P. Dominique Bouhours de la même C. Paris, Séb. Mabre-Cramoisy, 1682, 4°, pp. 634, sans les prélim. et la table.

Le P. Bouhours, né à Paris en 1628, † à Paris en 1702.

— Paris, Séb. Mabre-Cramoisy, 1683, 12°, 2 vol.
— Suivant la copie de Paris, Liège, Guill. Henri Streel, 1683, 12°, pp. 633, sans les prélim. et la table.
— Paris, Guillot, 1687, 12°, 2 vol.
— Nouvelle édition, augmentée de quelques opuscules de piété, par l'abbé F. X. de F. (Franç. Xav. de Feller). Paris et Liège, Desoer, 1788, 12°, 2 vol., pp. 442 et 488.
— Paris, Saint-Michel et Beaucé, 1810, 12°, 2 vol.
— Avignon, Fr. Séguin aîné, 1817, 12°, 2 vol. pp. 306 et 308.

Cette édition ne contient pas la Xaverius.

— Paris, Méquignon fils aîné, 1813, 12°, 2 vol.
— Liège, Duvivier, 1815, 12°, 2 vol.
— Avignon, Séguin, 1819, 12°, 2 vol.
— Paris, 1820, 12°, 2 vol.
— Lyon, 1820, 12°, 2 vol.
— Lyon, Boget, 1821, 12°, 2 vol.
— Louvain, Van Linshout et Van de Zande, 1822, 8°.
— Nouvelle édition, augmentée de la neuvaine en son honneur, et de quelques opuscules de piété, par l'abbé F. X. de F. — Alais, Martin, 1825, 12°.

Les opuscules mentionnés dans le titre sont : Éloge de S. François Xavier, par Feller; le Petit Office de S. François, en latin et en français, par le P. Oudin; Xaverius, seu religio christiana in Japoniam illata, ab adolescente poeta. (Simon Frank, élève de rhétorique au collège de Liége.)

— Paris, Société catholique des bons livres, 1825. 12°, 2 vol.
— Nouvelle édition, augmentée de quelques opuscules de piété, par Feller. Paris, Dufour et Ce, etc. (Méquignon-Havard), 1826, 12°, 2 vol.
— Nouvelle édition, augmentée du Récit de la vie du P. Charles Spinola, et de la relation du grand martyr (sic) du Japon en 1622, par le P. J. d'Orléans. Avignon, Séguin aîné, 1828, 12°, 2 vol.
— En anglais : Life of S. Francis Xavier, of the Society of Jesus. Translated from the French of Dominick Bouhours into English, by Dryden. London, 1683, 12°.
— En latin : Vita S. Francisci Xaverii Soc. J.,

Indiarum et Japoniæ apostoli, à P. Dominico Bouhours, Soc. J., gallicè scripta, a P. Petro Python ejusd. Soc. sacerdote latinè reddita. — Monachii, sumptibus Joan. Jacobi. Remy, typis Matthiæ Réodl, 1712, 12°, pp. 816, sans les prélim.
— En allemand : Lebensgeschichte der heiligen apostels von Indien und Japan Franz Xaver, von P. Bouhours. Francfurt ans Mains, in der Andreaischen Buchhandlung, 1830, 8°, pp. 535.

341. **D. Francisco Lancina.** Vida de S. Francisco Xavier, apostol de las Indias. Poema en cuartetas. Madrid, 1682, 4°.

> Pinelo, 154, dit que ce poême se trouve : En los asumptos poeticos, morales, i politicos du P. Lancina, — et donne la même date de publication.
> Cat. Salvá.

342. **Vita** del venerabile servo di Dio Fr. Angelo Orsucci dell' O. de' predicatori, scritta dal P° M° Fr. Lod. Sesti. Lucca, Jacinto Paci, 1682, 4°, pp. 194.

> Bibl. part. de la Minerve.

343. **Orbis** Seraphicus, Historia de tribus ordinibus a Seraphico patriarcha S. Francisco institutis deque eorum progressibus et honoribus per IV mundi partes scilicet Europam, Asiam, Aphricam et Americam, in obsequium Jesu Christi et Ecclesiæ Romanæ atque in fidei catholicæ defensionem, et dilatationem reportatis, per Fr. Dominicum de Gubernatis a Sospitello, Ord. Min. strict. obs. reform. prov. divi Thomæ apost. T. I, Romæ, typis Steph. Caballi, 1682, f°; T. II, Lugduni, apud Anissonios, Joannem Posuel, et Claudium Rigaud, 1685 ; T. III, Romæ, apud Angelum Tinassium 1684 ; T. IV, ibid, 1685.

> S. Isidore.

344. **Le P. Fr. Baltasar** de Medina. Vida, martirio, i beatificacion del invicto protomartyr Fr. Felipe de Jesus, Mexicano. Mexico, Juan de Ribera, 1683, 4°.

> Pinelo, 187 et 835.
> Le P. de Medina franciscain déchaussé. — Le même a écrit la chronique de la province de Mexico, imp. 1682. (Pinelo, 753.)

345. **Ten Rhyne.** De Acupunctura. London, 1683...

346. **Xaverius** Thaumaturgus , Panegyricum poema cum operibus XV historicis, oratoriis, theologicis de sancto Indiarum apostolo auctore Leonardo Frizon S. J... Burdigalæ, apud J. Mongironem-Millangium et Simonem Boe, 1684, 8°, pp. 272, sans les lim. et les tables.

> Le P. Léonard Frizon, né à Périgueux en 1648, † à Bordeaux en 1700.

347. **Sacro Monte Parnaso** de las Musas catolicas de los reynos de España, que unidas pretenden coronar su frente, y guarnecer sus faldas con elegantes poemas en varias lenguas, en elogio de el prodigio de dos mundos, y sol del Oriente S. Francisco Xavier, de la compañia de Jesus, que recogidos y dispuestos con veinte y una lamina del santo, da a la estampa el licenciado Francisco Ramon Gonçales. Valencia, Francisco Mestre, 1687, 4°.

348. **Vie** et martyre de quelques religieux jésuites au Japon, par Nieremberg et de Rhodes. Bordeaux, 1687, 12°.

349. **Histoire** des Indes orientales (par Souchu de Rennefort). Paris, Seneuze et Hortemels, 1688, 4°.
— Leyde, 1688, 8°.
— La Haye, 1701, 12°.

350. **Epistola** patris Adami Waldenfeld ad adm. R. Patrem Joan. Paul. Oliva Præp. gen. Soc. Jesu. Tyrnaviæ, typis academicis, 1689, 8°, pp. 118.

351. **Histoire de l'Église** du Japon, par M. l'abbé de T. (le P. Crasset de la C. de J.). Paris, Estienne Michallet, 1689, 4°, 2 vol.

> C'est l'ouvrage du P. Sollier mis en meilleur ordre, et continué depuis 1624 jusqu'en 1658.
> Le P. Jean Crasset, † à Paris, 1692.

— Paris, 1691, 4°, 2 vol.
— Histoire de l'Église du Japon, par le R. P. Crasset, de la C. de J. Paris, 1713, 4°, 2 vol.
— Paris, Franç. Montalant, 1715, 4°, 2 vol.
— Traduit en anglais, 1707.
— En allemand : Aussfürhliche Geschicht der in dem Aüsserstem welttheil gelegenen Japonesischen Kirch, worinn die glückliche Vertilgung der Abgötterey, Einführung, Fortpflantzung, Verfolgung und letztens gäntzliche Verbannung des Heiligen Römisch catholischen Glaubens in diesem grossen Reich nach denen besten Urkunden erzehlet wird, von R. P. Joanne Crasset, der Gesellschaft Jesu Priesten, anjetso aber auf viler Verlangen in die teutsche Sprach übersetzt worden. Augspurg, in verlag. Frantz Antoni Ilger. Gedruckt bey Antoni Maximilian Heiss, 1738, f°, 2 vol., fig.
— Augspurg, Weith..., f°, 2 vol. fig.
— En portugais, trad. par D. Maria Antonia de S. Boaventura e Menezes : T. I, Lisboa, Mon. da Silva, 1749, 4°; T. II, ibid. mism. officina, 1751, 4°; T. III, ibid. Manoel Soares, 1755, 4°, con estampas.

> Fig., 1467.

— En italien.....

352. **Tablas** chronologicas, en que se contienen los sucesos de España, Africa, Indias orientales y occidentales desde su principio hasta el año 1642 de la reparacion humana con los catalogos de los pontifices, etc., compuestas por el P. Claudio Clemente, de la C. de J., etc., ilustradas, y añadidas desde el año 1642 hasta el presente de 1689, etc., por el Licenc. Vicente

Joseph Miguel, etc. Valencia, Jayme de Bordazar, 1689, 4°.

A la fin se trouve : El nuevo apostol de la India oriental S Francisco Xavier, summariamente representado. — C'est un court abrégé de ses principaux actes.

Le P. Claude Clément, d'Ornans en Franche-Comté, † à Madrid en 1642.

353. **Sac. rituum** congregatione Emin. et Reverentissimo Domino card. Colloredo Japponen. beatificationis, et canonisationis, seu declarationis martyrii Ven. Servorum Dei Alphonsi Navaretæ ord. prædic. : Petri de Avila ord. minorum S. Francisci ; Petri de Zunica ordinis Eremit. sancti Aug.; Caroli Spinulæ Soc. Jesu, ac sociorum respective, tam eorumdem ordinum, quam etiam secularium pro fide catholica diversis temporibus in Japponia interemptorum. Positio super dubio an constet de martyrio, et causa martyrii in casu, etc. Romæ, typis Reverendissimæ Cameræ apostolicæ, 1690, f°, pp. 36, 219, 55, 55.

Gesù, Minerve, et autres bibl. de Rome.

354. **Icones** selectæ plantarum quas in Japonià collegit et delineavit Eng. Kempfer, et quæ in Museo britannico asservantur. Londini, 1691, f°, fig.

355. **Noord** en Oost Tartarije, etc., door Nicolaes Witsen. Amsterdam, 1692, f°, 2 vol., cart. et pl.

Contient le voy. de De Vries, en 1643.

— 2° édition, 1785 (1705 ?).

356. **Meister**, G., Oriental Kunst-und Lustgärtner. Dresden, 1692, 4°.

358. **Sermoens** do P. Antonio Vieyra da C. de J. : Octava parte. — Xavier dormindo, e Xavier acordado : Dormindo, em tres oraçoens panegyricas no Triduo da sua Festa..., Acordado, em doze sermoens panegyricos, moraes, et asceticos, os nove da sua novena, o decimo da sua canonização, o undecimo do seu dia, e o ultimo de seu patrocinio. Lisboa, João da Costa, 1694, 4°, pp. 536.

Le P. Vieyra, né à Lisbonne en 1608, mort à Bahia en 1697.

— En latin : Xaverius dormiens et Xaverius experrectus. Dormiens in tribus panegyricis... experrectus in duodecim sermonibus panegyricis, moralibus et asceticis... a R. P. Antonio Vieira S. J. Latinitate donavit ex autographo lusitanico R. P. Leopoldus Fuess, Soc. J. Aug. Vindel., Dilingæ et Francofurti, apud Joan. Casp. Bencard, 1701, 4°.

— En italien : Il Saverio addormentato et il Saverio vegliante, etc., tradotti dal idioma portoghese nell' Italiano dal P. Anton. Maria Bonucci della med. Comp. Venezia, 1712, 8°, pp. 532.

357. **Petri** de Marque e Soc. Jesu ad Patrem generalem, pro obtinenda missione Japonica epistola. Duaci, typis M. Mairesse, 1696, 12°, pp. 23.

Épître élégiaque en 400 vers.

359. **Moxon**. Voyage au Japon par le pôle Nord. (En anglais), 1697.

Ternaux, 2719.

360. **Christiandad** del Japon y dilatada persecucion que padecio. Memorias sacras de los Martyres de las ilustres Religiones de Santo Domingo, san Francisco, Compañia de Jesus ; y crecido numero de seglares : y con especialidad de los Religiosos del orden de N. P. S. Augustin. Su autor el P. M. Fr. Joseph Sicardo, de la dicha orden, etc. Madrid, Fr. Sanz, 1698, f°.

361. **Vita** del Padre Alessandro Valignani della C. di Gesu, descrita dall' abbate D. Ferrante Valignani. Romæ, Gaet. Zenobj, e Giorg. Placho, 1698, 4°, pp. xii et 247, portrait.

Gesù.

362. **San Augustin** (Fr. Gaspar). Conquista de las Islas Philippinas : la temporal, por las armas del Señor don Phelipe segundo el prudente ; y la espiritual, por los Religiosos del orden de nuestro padre San Augustin : fundacion, y progressos de su provincia del santissimo nombre de Jesus. Madrid, 1698, f°.

Ancien Catal. Salvà.

363. **Rosas** do Japão, candidas Açucenas, e ramalhete de fragrantes e peregrinas flores, colhidas no Jardim da Igreja do Japão, etc. (por Fr. Agostinho de Santa Maria). Lisboa, Pedroso Galrão, 1699, 4°.

— Rosas do Japão, e da Cochinchina, candidas Açucenas, etc. Parte 2°, Lisboa occidental, Pedro Ferreira, 1724, 4°.

Voir Fig., 4438.

364. **Noticias** summarias das perseguições da Missam de Cochinchina, principiada, e continuada pelos Padres da Companhia de Jesu (par le P. Manoel Ferreira, S. J.) Lisboa, Miguel Manescal, f°, 1700.

365. **Lettres édifiantes**. 1re édition, 1702 à 1776, 12°, 34 vol.

— 2° édit. Paris, Mérigot, 1780 à 1783, 12°, 26 vol.

— Lyon, 1819, 8°, 14 volumes.

— Paris, Gaume frères, 1829-32, 18°, 40 vol.

— Toulouse, Sens et Gaude, 12°...... vol.

— Paris, Desrez (collection du Panthéon littéraire), 1838, gr. in-8°, 4 vol.

Renferme sur le Japon : T. III (édition Desrez) : Lettre du P. Fontanay: notions sur Nangasaki et le Japon; lettre du P. de Mailla : sur l'île Formose; autre du même : îles Licou-Kicou et Formose; autre anonyme : Révolte à Formose. Mémoire sur les îles Licou-Kicou, par le P. Gaubil.

T. IV (édition Desrez). Lettres du P. Gaubil : 3e : Sur les cartes de la Chine, de la Corée et du

[A. 1704—1710] BIBLIOGRAPHIE JAPONAISE. [A. 1710—1712]

Thibet; 5ᵉ : Les Chinois au Japon, etc.; 8ᵉ : Sur la marche des Chinois et des Japonais vers la Californie; 9ᵉ : Idées du Japon sur les Chinois.

366. **A Collection** of voyages and travels, some now first printed from original manuscripts, others translated out of foreign languages, and now first publish'd in English; to which are added some few that have formerly appear'd in English, but do now for their excellency and scarceness deserve to be reprinted. London, Awnsham and John Churchill, 1704, f°, 4 vol.

Contient notamment : 1ᵉʳ vol. Formose, par Geo. Candidius; Remarques sur le Japon, trad. du hollandais.
2ᵉ vol. Voy. de Nieuhoff.

367. **An Historical** and geographical description of Formosa, an island subject to the emperor of Japan; by George Psalmanazar. London, 1704, 8°.

Relation fictive et de nulle valeur.

— En hollandais : Beschryving van het eyland Formosa in Asia; etc. Rott., 1705, 8°, avec pl. et cartes.
— En français : Description de l'île Formose en Asie, etc., dressée sur les mémoires du S. G. Psalmanaazar, natif de cette île, par le S. N. F, D. B. R., avec planches et cartes. (S. D.)
— Description dressée sur les Mémoires du sieur *** contenant une ample relation de l'île Formose en Asie, du gouvernement, des mœurs et de la religion de ses habitants. Paris, aux dépens de la Compagnie, 1739, 12°.

368. **Harris** (John). Navigantium atque itinerantium bibliotheca, etc. London , 1705, f°, 2 vol.
— Réimp. en 1744-8.
— Dernière édition : Navigantium atque itinerantium Bibliotheca, or a complete collection of Voyages and travels, etc., originally published by John Harris, now revised, etc. London, 1764, f°, 2 vol.

Contient des mémoires essentiels sur les voyages de circumnavigation, sur les conquêtes et le commerce des différentes nations. Renferme spécialement pour le Japon : Histoire d'Adams, pp. 856 et suiv., et Mémoire sur le commerce de l'Angleterre, p. 873 et suiv. A la fin de l'hist. d'Adams est la tentative anglaise de 1673.
Bibl. imp. O. 1194. A. 4. 2.

369. **S. Francisco** Xaverio Hymni novem, et officium. Divione, J. Ressayre, 1705, 12°.

Par le P. François Oudin, de la C. de J., né en 1673, à Vignery en Champagne, † à Dijon en 1762.

370. **Relandus**. Dissertationes miscellaneæ. Traj. ad. Rh. 8°. 1706-7, 3 tomes en 1 vol.

Au 3ᵉ vol., pp. 103 à 119 : Série de mots japonais.

371. **Naankewelge** Versameling der gedenkwaardigste Zee en Land-Reysen na Oost en West Indien. Door Pieter van der Aa (Voyages de 1246 à 1696). Leyden, 1707, 8°, 29 vol.

372. **Oriente** Conquistado a Jesu Christo, pelos Padres da Companhia de Jesus, da provincia de Goa, par le P. Francisco de Souza., S. J. Part. 1ª (os primeiros 22 annos). Lisboa, 1710, f°. — Part. 2ª (desde 1564 até 1585), Lisboa, 1710, f°.

A la fin se trouvent les actes d'une consultation mémorable du P. Valignani et de ses confrères sur l'administration spirituelle du Japon.
La 3ᵉ partie se trouvait manuscrite au collège de Lisbonne. Voir Fig., 1450.
Le P. de Sousa, né en 1647 dans l'île de Taparica (en Amérique), mort à Goa en 1713.

373. **Historiæ** Societatis Jesu pars quinta. Tomus posterior, ab anno Christi 1591 ad 1616, auctore Josepho Juvencio Soc. ejusd. sacerdote. Romæ, ex typis Georgii Placbi, 1710, f°.

374. **Recueil des Voyages** qui ont servi à l'établissement et aux progrès de la Compagnie des Indes orientales formée dans les Provinces-Unies des Pays-Bas (par de Constantin). Amsterdam, 1710-3-5-6, 12°, 5 vol.
— Rouen, 1725, 8°, 12 vol.

Contient, vol. III, p. 403 : Voyage d'Olivier de Noort autour du monde, commencé en 1598 (au Japon en décembre 1600).
Ibid., p. 302, Mémoire touchant les Indes orientales.
Vol. VI, p. 94. Voy. de Matelief en 1607.
Vol. VII, p. 110. Voy. des Hollandais au Japon, en 1609.
Ibid., p. 142. Voyage des Hollandais en 1611.
Vol. IX, p. 199. Voyage de Seyger van Rechteren, en 1628 (à Formose en 1630).
Ibid., p. 239. Relation de l'état de l'île Formose, écrite en 1628 par Geo. Candidius, ministre du S. Évangile, envoyé dans cette île pour la propagation de la foi chrétienne.
Ibid., p. 264. Discussion sur le commerce de la Chine et du Japon.
Ibid., p. 309. Voyage de Henri Hagenaar aux Indes orientales, 1631-1638 (au Japon en 1634), avec une description de l'empire du Japon, et une relation de la persécution qui y a été faite pendant certaines années aux chrétiens romains, avec quelques autres pièces qui concernent les affaires des Hollandais dans ce même empire.
Vol. X, p. 4. Suite du voy. de Henri Hagenaar, Description de l'empire du Japon, par Caron ; augmentée de quelques remarques de H. Hagenaar.
Ibid., p. 119. Histoire d'une persécution, etc., écrite par Reyer Gysbertz.
Ibid., p. 162. Relation de ce qui se passa le 23 d'octobre 1626 à la visite du Daïro à l'empereur du Japon, par Conrad Crammer.
Ibid., p. 179. Lettre d'un Japonais (28 octobre 1642).
Ibid., p. 185. Lettre du gouverneur général des Indes, et Mémoire de Léonard Campen sur le commerce du Japon.
Ibid., p. 202. Formose négligée ou la prise de cette île par les Chinois sur les Hollandais.
Vol. XII, p. 93. Voyage de Gaut, de Schouten en 1663 : description abrégée du Japon.
Ibid., p. 338. Naufrage de 3 vaisseaux hollandais.

375. **Kaempfer.** Amœnitatum exoticarum politico-physico-medicarum fasciculi V, quibus continentur variæ relationes, observationes et descriptiones rerum Persicarum, et ulterioris Asiæ, multâ attentione in peregrinationibus per universum Orientem collectæ. Lemgo, 1712, 4°, fig.

Au 2e fascicule : Notice sur la fabrication du papier au Japon ; description abrégée de cet empire.
Au 5e fascicule : Description des plantes du Japon.
Et divers autres documents.

376. **Imagem** da virtude em o noviciado da Companhia de Jesus do real Collegio do Espirito santo de Evora do Reyno de Portugal, na qual se contem a fundaçam desta santa Casa, vida de seu Fundador e mais servos de Deos, que nella ou foráo mestres, ou discipulos. Pelo padre Antonio Franco da C. de Jesus. Lisbon, na officina real Deslandesiana, 1714, f°.

Le P. Franco, né en 1662 à Montalvão en Alemtejo, mort à Evora en 1732. — Fig., 1292.

377. **Histoire** de l'établissement, des progrès et de la décadence du christianisme dans le Japon, où l'on voit les différentes révolutions qui ont agité cette monarchie pendant plus d'un siècle, par le P. Fr. de Charlevoix. Rouen, Ch. Le Boulanger, 1715, 12°, 3 vol.

Le P. de Charlevoix, né à Saint-Quentin en 1682, mort à La Flèche en 1761.

— L'auteur refondit totalement son ouvrage, et le publia de nouveau sous le titre de : Histoire et Description générale du Japon, où l'on trouve tout ce qu'on a pu apprendre de la nature et des productions du pays, du caractère et des coutumes des habitants, du gouvernement et du commerce, des révolutions arrivées dans l'empire et dans la religion ; l'examen de tous les auteurs qui ont écrit sur le même sujet, avec les Fastes chronologiques de la découverte du Nouveau-Monde. Enrichie de figures en taille-douce. Paris, Gandoin, Lamesle, 1736, 4°, 2 vol., pp. 667 et 746, sans la préface et les tables ; et 12°, 9 vol. gros caractère.

— Nouvelle édition revue, corrigée, augmentée et mise dans un nouvel ordre, par l'auteur. Paris, Ganeau, Bauche, d'Houry, 1754, 12°, 6 vol. petit caractère.

378. **Recueil** des Voyages au nord, contenant divers mémoires très-utiles au commerce et à la navigation. Amsterdam, Jean Fréd. Bernard, 1715, 8°, 6 vol.

T. II. Voyage au Spitsberg, de Martens ; discours sur le passage au N.E., par Wood.
T. III. Lettres sur le Japon ; découverte d'Yesso ; relation de Caron sur le Japon ; additions et mémoires concernant le même empire.
T. IV. Description de la Corée, trad. du hollandais ; Deux voyages de Linchoit en Waeigats, etc.
T. VI. Trois navigations de Frobisher pour chercher, par le N.O., un passage de la Chine au Japon.

— Autre édition. Amsterdam, 1731-38, 12°, 10 vol.

379. **Fr. Agustin** de Madrid, descalço de S. Francisco. Relacion del viage que hiço el Abad D. Juan Baptista Sidoti, desde Manila al Japon, embiado por el Papa Clemente XI. 1717, f°.

D'après Juan de S. Antonio. (Bibl. universa franciscana.)

— En italien, sous ce titre : Breve relazione estratta da varie lettere per il Reverendissimo P. Fr. Agostino di Madrid, dell' ordine serafico, Commissario e Procurator generale di San Giorgio, e missioni de' Francescani scalzi nell' isole Filippine, China, e altri regni del gentilesimo, etc. — Sopra l' arrivo nella città di Manila, partenza per l' impero del Giappone, arrivo, e dimora in quello dell' abbate D. Gio. Battista Sidoti. Con un esatto diario del viaggio a detto impero del Giappone, e stato in cui si trova ; tradotto dall' idioma spagnuolo nell' italiano da Gio. Francesco Sangermano Corvo. Roma, Bernabo, 1718, 4°, pp. 45.

Trois exemplaires à la Minerve ; Misc. 4°, volumes 232-486-503. — Autre à la Propagande.

380. **Imagem** da virtude em o noviciado da Companhia de Jesus na corte de Lisboa ; em que se contem a fundaçam da caza, e os religiosos de virtude que em Lisboa foram noviços. Pello P. Antonio Franco da C. de J. Coimbra, no Real collegio das Artes, 1717, f°.
Fig., 1292.

381. **Imagem** da virtude em o noviciado da companhia de Jesus no real collegio de Jesus de Coimbra en Portugal, na qual se contem as vidas e sanctas mortes de muitos homens de grande virtude, que naquella sancta caza se criaram. Pello P. Antonio Franco da C. de J., 1ro tomo. Evora, na officina da universidade, 1719, f°. — 2^e tomo. Coimbra, no Real collegio das Artes, 1719, f°.
Fig., 1292.

382. **Franco** (P. Ant.). Annus gloriosus Soc. Jesu in Lusitaniâ, complectens sacras memorias illustrium virorum, qui virtutibus, sudoribus, sanguine fidem, Lusitaniam et Societatem Jesu in Asia, Africa, America ac Europa felicissime exornarunt, succinctis narrationibus congestas a R. P. Antonio Franco, ej. Soc. theologo. Viennæ Austriæ, sumptibus Jo. Mich. Christophori, typis Jo. Bapt. Schilgen, 1720, 4°, pp. 780, à 2 col.

Ce recueil est par année. Le manuscrit portugais doit se trouver à Torre do Tombo, avec plusieurs autres du même auteur.

383. **Nicolai** Parthenii Giannettasii S. J.-Xaverius Viator, seu Xaverides, carmen posthumum. Neapoli, apud Domin. Raillard, 1721, 8°?

Ouvrage non terminé, s'arrête au Xe livre.
Le P. Giannettasio, né à Naples en 1648, mort à Massa en 1715.

384. Josephus a S. Antonio, religieux augustin du couvent de Lisbonne: Flos sanctorum Augustinianorum (6 *volumes annoncés*, *3 publiés*). Ulyssipone, 1721, 23, 26, f°, 3 vol.

Ossinger.

385. Catalogo dos Arcebispos de Goa, primazes do Oriente, dos bispos de Cochim, Meliapor, China, Japão, Nankim, Malacca, Patriarchas da Etiopia, Arcebispos de Cranganor e Serra, por D. Ant. Caet. de Sousa. (Se trouve au T. II des Documentos e memorias da Academia real da Historia portugueza. Lisboa occid., Paschoal da Silva, 1722, f°.)

Fig., 896.

386. Chronique de la province franciscaine de S. Jacques (en espagnol). Salamanca, 1722, f°.

Contient, T. II, l. I, c. 2, f° 42 : Relat. du martyr du V. F. Jean de S. Marthe, par Luis Gomez, (Voir à 1684); et deux lettres du même martyr : ces lettres se trouvent également en Llave : Trien. XII, c, 22.

Même tome : L. v, c. 3. Lettre du P. Apoll. Franco. Cette lettre se trouve aussi dans Martin de S. Joseph, Chron., part. 2. l. iv, c. 15. — Ibid., Lettre du Fr. Vincent de S. Joseph.

387. Relation des guerres civiles du Japon, où l'on voit ce qui s'est passé de plus important pendant 38 ans qu'elles ont duré. Paris, Witte, 1722, 12°.

Publié à part des Ambassades de Montanus.

388. Oud en Nieuw Oost Indiën vervattende een naaukeurige en uitvoerige Verhandelinge van Nederlands mogentheyd in die Gewesten, benevens Eene wydluftige Beschryvinge der Moluccos, etc., door François Valentyn, etc. In Vijf deelen. Te Dordrecht en Amsterdam, 1724, f°, 5 vol. reliés en 8 tomes. Nombreuses cartes et planches.

— 1726, f°, 5 vol.

— Édition moderne: Valentyn, F., Oud en Nieuw Oost.-Ind. met aant., etc., door S. Keijzer. 's Hage, 1855, gr. 8°, 3 dl. 20 Afl.

389. Franco (Ant.) Synopsis annalium Soc. Jesu in Lusitaniâ, ab anno 1548 ad ann. 1715. Aug. Vindelicorum et Græcii, 1726, f°.

Renferme des tables très-bien faites, et notamment celle de tous les religieux partis du Portugal pour les Indes.

390. Kaempfer (Engelbert). The history of Japan, with an account of the ancient and present state and government of that empire, etc., with a description of the kingdom of Siam. Transl. from the high dutch manuscript of the author, by J. J. Scheuchzer, London, 1727-8, f°, 2 vol., planches et cartes.

L'ouvrage fut écrit originairement en hollandais. Le chevalier H. Sloane acheta le manuscrit et le fit traduire en anglais par Scheuchzer. Plus tard, l'ouvrage parut en hollandais.

Kaempfer a spécialement suivi les directions du gouverneur général Campluis, ancien surintendant du commerce au Japon.

— Édition latine: London, 1728, f°, 2 vol.

— Édition hollandaise: Kaempfer, E. Beschrijving van Japan, behandelende desz. geschiedenis en Koophandel met de Nederlanden en Chinesen, uit het Eng. van J. G. Scheuchzer. 'sHage, 1729, f°, cartes et planches.

— E. Kaempfer. De beschrijving van Japan, behelzende een verhaal van den ouden en tegenwoordigen staat en regering van dit rijk enz. uit het Hoogd. manuscript in het Eng. vert. door J. G. Scheuchzer. uit h. Eng. vert. Amst., 1733, f°, cartes et planches.

— Extrait du même ouvrage: Amst., 1758, 4°, cartes et planches.

— Édition française: Traduite sur la version anglaise de Scheuchzer (par Naudé). La Haye, Gosse, 1729, f°, 2 vol., avec cart. et pl.

— La Haye, 1731, 8°, 2 vol.

— Édition abrégée (avec un appendice : Journal d'un voyage anglais au Japon en 1673). Amsterdam, 1732, 8°, 3 vol.

— Édition allemande: Engelbert Kämpfer's Geschichte und Beschreibung von Japan; aus den original handschr. des Verfassers, herausgegeben von Chr. W. Dohm. Lemgo, 1777, 4°, 3 vol. cartes et planches.

390 *bis*. A cette publication se rapporte : Mémoire sur l'original de la description du Japon, de Kaempfer, par Dohm (en allemand). Lemgo, 1774, 8°.

Bibl. imp., O, 8°, 1703.

391. Gottfried (sous le pseudonyme de J. Abellinus). Les voyages de terre et de mer les plus curieux, faits par les Portugais, les Espagnols, les Anglais et différentes nations aux Indes orientales et occidentales (en hollandais). Leyde, J. Van de Deyster, 1727, f°, 8 t. en 4 vol.

392. Franciscos descalços en Castilla la vieja, chronica de la santa provincia de San Pablo de la mas estrecha regular observancia de N. S. P. S. Francisco, etc., por el menor Fr. Juan de S. Antonio (Salmantino), etc. En Salamanca, en la imprenta de la Santa Cruz, 1728 et 1729, f°, 2 vol.

Contient, T. I, L. v, c. 4 à 22 : Vie des protomartyrs et autres.

T. II, l. iv, c. 4 : Lettre du P. Ant. de S. Bonaventure ; et pp. 241, 43, 44 : Trois lettres du P. Sotelo.

Le premier tome seulement se trouve au couvent des Santi Quaranta, à Rome.

393. Joannis a S. Antonio. Bibliotheca Minorum fratrum, etc. Salmanticæ, 1728, 4°.

393 *bis*. **Bibliotheca** universa franciscana, sive alumnorum trium ordinum S. P. N. Francisci qui ab ordine seraphico condito, usque ad præsentem diem latina, sive alia quavis lingua scripto aliquid consignarunt, encyclopedia Willoti, athenæo, et syllabo Wadingiano locupletior, in tres distributa tomos, adjectis necessa-

[A. 1728—1733] BIBLIOGRAPHIE JAPONAISE. [A. 1734—1738]

riis indicibus, ac materiarum bibliotheca; concinnata a R. P. Fr. Joanne a S. Antonio, Salmantino, etc. Matriti, ex typographia causæ V. Matris de Agreda, 1732 (les deux premiers tomes), et 1733 (le 3e), fo.

Santi Quaranta.

394. **Der neue-Weltbott** mit allerhand nachrichten dern missionariorum S. Jesu. Allerhand to Lehr-als Geist-Reiche briefschrifften, und Reis-Beschreibungen, welche von denen Missionariis der Gesellschaft Jesu von beyden Indien, und ändern über Meer gelegenen Ländern, seit an. 1642, biss auf das Jahr 1726, in Europa angelangt seynd. Jetzt zum erstenmal theils aus handschrifftlichen urkunden, theils aus denen Französischen, *Lettres édifiantes*, verteutscht und zusammen getragen, von Joseph Stöcklein, S. J. Augspurg und Grätz, Philipp, Martin, und Joh. Veith seel. Erben, 1728, fo, 36 tomes.

Cette collection qui embrasse plus d'un siècle, de 1642 à 1750, renferme seulement, pour le Japon :
1er vol., p. 28, lettre du P. Koffler.
3e — p. 22, — du P. Fontaney.
Se trouve chez les PP. JJ. de Paris.

395. **Salmon**, Th., Tegenw. staat der keizerrijken China en Japan, alsmede van de Ladrones, Filippyusche en Molukische Eilanden en van Makassar. Uit het Eng. ver. en merk. vermeerd. door M. van Goch. Amst., 1729, gr. 8o. Met pl. en kaarten.

Cat. Muller.

396. **Bogaert**, A., Droevige Schipbreuk van het fluitschip den Arion op de reize uit Japan naer Batavia. Amst., 1729, 8o.

Cat. Muller.

397. **Fr. Pedro Monteiro**, religioso dominico, natural de Lisboa. Claustro dominicano. Lisboa occid., Anton. Pedroso Galrão, 1729 et 1734, fo (1re et 3e livraisons).

La 2e livraison a paru sous une autre forme dans la Collecção dos documentos e memorias da Academia real.
Fig., 4335.

398. **Bullarium** ord. FF. Prædicatorum, opera F. Tho. Rippoll, Romæ, 1729-40, fo, 8 vol.

T. VI, p. 435 : cause des martyrs japonais.
T. VIII, titre 8 entier, de Missionibus.

399. **Churchill's** collection of voyages and travels, etc. fo, 6 vol. Oxborne's collection (faisant suite), fo, 2 vol. London, 1732, et a. s.

400. **Histoire** des découvertes et conquêtes des Portugais dans le nouveau monde (avec des figures en taille-douce) par le P. Joseph Lafitau, de la C. de J. — Paris, Saugrain père, 1733, 4o, 2 vol., fig.

Le P. Lafitau, né à Bordeaux, † en 1740.

— Paris, Saugrain et Coignard, 1734, 12o, 4 vol., fig.
— Trad. en portugais par Manoel de Sousa. Lisboa, Ant. Gomez, 1786, 4 vol. 8o po.

401. **Glorias** del segundo siglo de la C. de J., dibuxadas en las vidas, y elogios de algunos de sus varones ilustres en virtud, letras, y zelo de las almas, que han florecido desde el año de 1640, primero del segundo siglo, desde la aprobacion de la religion, escritas por el F. Joseph Cassani, de la m. C. Tomo I y VII, en el ordem de Varones ilustres, obra que empezó el V. P. Juan Eusebio Nieremberg. Madrid, Alamiel Fernandez, 1734, fo. — T. II y VIII (même titre), 1734, fo. T. III y IX (même titre), 1736, fo.

Le P. Cassani, né à Madrid en 1673, mort après 1743.

402. **Worm**, J. G. Ost.-Indian. u. Persian. Reisen, oder zehenjarige auf Gr. Java, Bengala geleistete Kriegs-Dienste; nebst Nachrichten von... der Macht, Regierung u. Justitz der Holländer in Indien (und Japan)... Zustand des christenthums, und der Dünischen mission... Dresden, 1737, 8o.

Cat. Muller.

403. **Epitome** de la bibliotheca oriental, y occidental, nautica, y geografica, de don Antonio de Leon Pinelo... añadido, y enmendado nuevamente, en que se contienen los escritores de las Indias orientales, y occidentales, y reinos convecinos, China, Tartaria, Japon, Persia, Armenia, Etiopia, y otras partes. Tomo 1ro, Madrid, Francisco Martinez Abad, 1737, fo.
— Epitome... en que se contienen los escritores de las Indias occidentales, especialmente del Peru, Nueva-España, la Florida, el Dorado, Tierra Firme, Paraguay, el Brasil, y viages a ellas, y los autores de navegacion, y sus materias, y sus apendices. Tomo IIo, 1738, fo.
— Epitome... en que se contienen los escritores de geografia de todos los reynos, y señorios del mundo, y viages diversos, y sus apendices. Tomo IIIo, 1738, fo.

La numération, continue pour les 3 volumes, est tantôt par colonnes et tantôt par pages : 144 pages, 1728 colonnes et 433 pp.

404. **Lettre** de d'Anville au P. Castel, au sujet des pays de Kamtschatka et de Ieço, et Réponse du P. Castel. 1737, 12o.

404 bis. **La réponse** publiée à part : Réponse à M. d'Anville sur les pays de Kamtschatka et de Ieço (par le P. Castel). Paris, 1737, 12o.

405. **Arte** de la lengua japona, dividido en quatro libros segun el arte de Nebrixa, con algunas voces proprias de la escritura, y otras de los linguages de *Ximo* y del *Cami*, con algunas perifrases y figuras, etc., compuesto por el hermano Fr. Melchor Oyanguren de santa Ines, predicador, y missionario apostolico para los

— 43 —

Reynos de Cochinchina, y Camboja, ex guardian, y ministro en idioma Tagalog en las islas Philippinas. Mexico, 1738, 4°, pp. 200.

Un manuscrit de cet ouvrage a été brûlé dans l'incendie des livres de Klaproth.
Une partie a été publiée par M. Landresse à la suite de la grammaire de Rodriguez, sous ce titre :

405 *bis*. **Supplément** à la grammaire japonaise du P. Rodriguez ; ou Remarques additionnelles sur quelques points du système grammatical des Japonais, tirées de la grammaire composée en espagnol par le P. Oyanguren, et traduites par M. C. Landresse, précédées d'une Notice comparative des grammaires japonaises des PP. Rodriguez et Oyanguren, par M. le baron G. de Humboldt (ouvrage publié par la Société asiatique). — Paris, Dondey-Dupré père et fils, 1826, 8°, pp. 31.

406 **Chronicas** de la apostolica provincia de San Gregorio de religiosos descalzos de N. S. P. S. Francisco en las islas Philippinas, China, Japon, etc., por el P. Fr. Juan Francisco de S. Antonio, Matritense, lector de theologia escholastica, y moral, ex diffinidor, y chronista general de la dicha provincia. 1ʳᵉ Parte : Impresa en la imprenta del uso de la propria provincia sita en el convento de nostra señora de Loreto del pueblo de Sampaloc, extra-muros de la ciudad de Manila, por Fr. Juan de Sotillo, anno de 1738, f°.
— Chronicas de la apostolica provincia de San Gregorio papa el magno, doctor de la Iglesia, de religiosos, etc. Parte 2ᵃ : del ultimo estado de la custodia y desde su ereccion de provincia en Roma, hasta su execucion en Manila, como a su patri-madre; y titular, etc., anno de 1741, f°.
— Parte 3ᵃ : Chronica... de la celeberrima seraphica mission de Japon, con la descripcion de aquel imperio : glorioso triumpho de nuestros prothomartyres invictos S. Pedro Bautista y sus compañeros, sus vidas, su beatificacion, y cultos, etc., anno de 1744, f°.

Le 3ᵉ vol, seul relatif au Japon.
Santi Quaranta. — Le 3ᵉ vol. chez les PP. JJ. de Paris.

407. **Focky** (Jacques), S. J. — Xaverius Ulyssipone somnians. (En vers élégiaques.) Græcii, 1710, 16°.

408. **Fr. Appolinario** da Conceição. Claustro Franciscano erecto no dominio da Coroa Portugueza. Expôese sua origem, e estado presente ; a de seus conventos e mosteiros; annos de suas fundações ; numero de hospicios, prefeituras, recolhimentos, parochias, e missões... Lisboa occid., Ant. Isid. de Fonseca, 1740, 4°.

Fig., 1295.

409. **A New** general collection of voyages and travels... London, Astley, 1745, 4°, 4 vol.

Vol. I. L. 3. c. 16. Voy. de Saris. — C. 18. Relation de Cocks sur Firando. — C. 19. Extraits des lettres de Cocks. Lettre de l'Empereur du Japon au prince d'Orange. — Voy. et aventures d'Adams.
Vol. IV. L, 2. C. 4. Description de la Corée. — C. 2. Voyages des Hollandais en Corée ; naufrage à Quelpaerts.

410. **Historia** de la provincia de Philippinas de la C. de J. 2ᵉ parte (1616 à 1716), por el P. Pedro Murillo Velarde. Manila, 1749, f°. (Avec une carte des îles Philippines.)

Fait suite au P. Colin.
Le P. Murillo Velarde, né près de Grenade en 1696, mort à Port-Sainte-Marie en 1753.

411. **Le Titus japonais**, tragédie em polonais et en vers non rhythmés. Lublin, typis Soc. J., 1750, 4°, pp. 68.

412. **Conquistas** na India em apostolicas missões da C. de J., socorridas pelo Ceu com milagrosos successos em credito da Fé, e estrago da idolatria, até o anno de 1744, etc. Lisboa, Manuel da Silva, 1750, 4°.

Fig., 1480.

413. **Historiæ** Societatis Jesu. pars sexta, tomus prior, ab anno Christi 1616 ad a. 1677. Sive Mutius Vitelleschus, auctore Julio Cordara, Soc. ejusd. sacerdote. Romæ, Ant. de Rubeis, 1750, f°.

414. **Considérations** géographiques et physiques sur les nouvelles découvertes au nord de la grande mer, appelée vulgairement la mer du Sud ; avec des cartes qui y sont relatives, par Philippe Buache, premier géographe de S. M. Paris, 1753, 4°, pp. 158.

Donne d'après Witsen le Voyage de Vries en 1643, et transcrit une lettre du P. Gaubil datée de 1752.

— A la suite se trouve : Explication de la carte des nouvelles découvertes au nord de la mer du Sud, par M. de l'Isle, de l'Académie des sciences. Paris, Desaint et Saillant, 1752, 4°, pp. 21 et cartes.

Bibl. imp., O. 4°, 1433 C.

415. **De Lima** (Max.). Agiologio Dominico das vidas dos Santos, Beatos, martyres e pessoas veneraveis da ordem dos Pregadores. Lisboa, 1753, f°, 4 vol.

Le cat. de la Minerve l'attribue au P. Fr. Joseph da Natividade.

416. **Le P. Fr. Martinez** (Domingo). Compendio historico de la apostolica provincia de San Gregorio de Philippinas. Madrid, 1756, f°.

Anc. Cat. Salvá.

417. **Bullarium** Franciscanum, curâ Jo. Hyac. Sbaraleæ. — Acced. supplem. a Flam. An. de Latera. Romæ, 1759-80, f°, 5 vol.

418. **Dubois**, J. P. J. Vies des gouverneurs généraux avec l'abrégé de l'histoire des établissements hollandais aux Indes Orientales; ouvrage où l'on trouve l'origine de la compagnie des Provinces-Unies, les premiers traités de com-

merce, la fondation de Batavia... les conquêtes des Hollandais... leurs guerres, leurs progrès, leurs désastres, la perte de Formose... en général tous les événements dignes de remarque, relatifs aux affaires des Indes, arrivés depuis un siècle et demi, jusqu'à nos jours, et rapportés année par année... suivi des Considérations sur l'état présent de la Compagnie des Indes orientales, par le baron d'Imhoff, ci-devant gouverneur des Indes orientales. La Haye, 1763, 4°, avec portraits, cartes, planches, plans, etc.

Insérée dans l'Histoire gén. des Voyages par M. l'abbé Prévost : en forme la 20° partie.

— ..... 1778, 4°.
— Dubois, J. P. J. Leven der gouverneurs generaal van Nederlands-India, uit het Fransch. Amst., 1765, 4°, avec portraits et cartes.

419. **The History** of Kamtschatka and the Kurilski islands.., translated from the Russian, by James Grieve. Glocester, 1764, 4°, map.
— En français : Histoire du Kamtschatka, des îles Kurilski et des contrées voisines, publiée à Saint-Pétersbourg en langue russe, et trad. par M. E... Lyon, Duplain, 1767, 12°, 2 vol., cartes.

420. **Mémoires** et observations géographiques et critiques sur la situation des pays septentrionaux de l'Asie et de l'Amérique, par le bailli d'Engel. Lausanne, Chapuis, 1765, 4°.

Bibl. imp., O., 4°, 1433 B.

421. **Voyages** et découvertes faites par les Russes le long de la mer glaciale et sur l'Océan oriental, etc., trad. de l'allemand de G. P. Muller (par Dumas). Amsterdam, 1766, 12°, 2 vol. et cartes.

422. **Description** du Japon (en russe). 1768, 8°.
Bibl. imp., O, 8°, 4666 D.

423. **Bibliotheca** Augustiniana. — Redegit P. Mag. Fr. Joannes Felix Ossinger, ord. Erem. S. Aug.-Ingolstadii et Augustæ Vindelicorum, impensis Joan. Franc. Cratz, Universitatis bibliopolæ, 1768, f°.
Bibl. Angelica.

424. **Histoire** des Chinois, Japonais, etc. Paris, 1771, 8°, 30 vol.
Compilation très-défectueuse.

425. **An Account** of the new northern archipelago, lately discovered by the Russians, by M. J. von Staehlin. London, 1774, 8°, map.

426. **Mémoires** concernant l'histoire, les sciences, les arts, les mœurs, les usages, etc., des Chinois, par les missionnaires de Pékin. Paris, Nyon, 1776-91, 4°, 15 vol.
— Le 16°, Paris et Strasbourg, Treuttel et Wurtz, 1814.— Et Appendice formant le 17° volume. Mêmes libraire et date.
Il existe une table des 40 premiers volumes.
T. II, p. 497. Écriture japonaise empruntée des Chinois.

T. V, p. 13. Descr. du Japon par Marc Pol.
— p. 48. Les Hollandais à Formose.
T. VII, p. 40. Idées japonaises sur la langue chinoise.
T. XIV, pp. 54 à 400. Sur les peuples tributaires de la Chine : Du royaume de Ga-Peu (Japon).

427. **Morelli** (*Pseudonyme du P. Buriel ou Muriel*). Fasti novi orbis. Venetia, 1776, f°.

428. **Recherches historiques** sur l'état de la religion chrétienne au Japon relativement à la nation hollandaise, trad. du hollandais de M. le baron Onno-Swier de Haren. Londres et Paris, D. C. Couturier père, 1778, 8°, pp. 220.

429. **Serionne** (A. de). La Richesse de la Hollande, ouvrage dans lequel on expose l'origine du commerce et de la puissance des Hollandais. Londres, 1778, 4°, 2 tomes.

430. **Thunberg**, C. P. Verhandeling over de Japansche natie, hare Zeden, Gebruiken en Munten. Uit het sweedsch. Amst., 1780, 8°, avec pl. color.
Catal. Nijhoff.
— En allemand : Thunberg, K. P. Ueber die Japanische nation. Aus dem Schwed. übers. von K. G. Gröning. Leipzig, 1795, 8°.

431. **Verhandelingen** van het Bataviasch genootschap der Konsten en Weetenschappen. Batavia, 1781-1847. — Rotterdam, Reinier Arrenberg ; Amsterdam, Johannes Allart, 1781 et ann. ss..., 8°, 21 parties (la dernière en deux livraisons).
La plupart des mémoires ont été détachés et publiés à part.
Contient : T. II. Liste des empereurs, de 1687 à 1762, faisant suite à la liste publiée par Kaempfer.
T. III. Radermacher. Matériaux pour la description du Japon. — Le même. Vocabulaire hollandais-japonais. — Titsing. Sur le Saki. — Le même. Préparation du Soya.
T. IV. Radermacher : Tartarie et Japon; découvertes des Russes ; poids et mesures dans les Indes néérlandaises. — Le baron de Wurb. Minéraux du Japon.
T. X. Obstétrique au Japon.
T. XI. Siébold. Epitome linguæ japonicæ.
T. XII. Siébold. Synopsis plant, economic.
T. XIII. Siébold. Origine des Japonais.
T. XIV. Meylan. Commerce des Européens au Japon. — Siébold. Acupuncture.
T. XVI. Burger. Mines de cuivre et préparation du métal au Japon.
T. XVIII. Van der Vlis. Langue formosane.
— Les parties XXII et ss. ont paru in-4°. Batavia, 1849 et ann. suiv.
T. XXV. P. Blecker. Ichtyologie du Japon.
T. XXVI. P. Blecker. Nouvelles observations sur l'ichtyologie du Japon.

432. **Observations** critiques et philosophiques sur le Japon et les Japonais, par l'abbé Lejeune. Amsterdam (Paris), Knapen, 1780, 12°.

433. **Les nouvelles Découvertes** des Russes

entre l'Asie et l'Amérique, avec l'histoire de la conquête de la Sibérie et du commerce des Russes et des Chinois, trad. de l'anglais de Coxe. Paris, hôtel de Thou, 1781, 4°.
— Neufchâtel, 1781, 8°.

434. **Thunberg**. Abhandlung von den Münzsorten, welch in ältern u. neueren zeiten im kaisertbum Japan geschlagen worden u. gangbar gewesen sind. Aus dem Schwed. (Von J. Theod. Pyl). Mit 8 Kupfern, Stendal, 1784, gr. 8°.

Bibl. imp., O, 8°, 1666-B et 1704-A.

435. **Car**. P. Thunberg Flora japonica sistens plantas insularum Japonicarum: secundum systema sexuale emendatum redacta. Lipsiæ, Mullerus, 1784, 8°, 39 planches.

435 bis. **L'auteur** a donné à part un recueil de 40 planches : Icones plantarum japonicarum. Upsal, 1794-1805, f°.

Thunberg fit de plus soutenir sous sa présidence un grand nombre de thèses botaniques. — Voir le catal. en la Bibliotheca botanica de Pritzel, p. 294.

436. **A Voyage** to the Pacific Ocean, performed under the direction of captains Cook, Clerke and Gore. London, 1785, 4°, 3 vol. avec cartes.

437. **Radermacher**, J. C. M. Bedenkingen over Tartarijen en Japan, en de ontdekkingen der Russen aan de oostel. Kusten van Azië, en de Westerkusten van America. Met Kaart. Rotterdam, 1786. (Mém. de Batavia. Tome IV).

438. **Radermacher**, J. C. M. Bijdragen tot de beschrijving van Japan (met Japansche woordenlijst). Rotterdam, 1787, gr. 8°. (Mém. de Batavia. Tome III).

439. **Bibliotheca** hispana vetus... Auctore D. Nicolao Antonio hispalensi S. J. — Bibliotheca Hispana nova, sive Hispanorum scriptorum qui ab anno MD ad MDCLXXXIV floruerunt... Auctore D. Nicolao Antonio. Matriti, 1787-8, f°, 4 vol.

440. **Pallas**. Linguarum totius orbis Vocabularia comparativa augustissimæ (Catharinæ II) cura (a P. S. Pallas) collecta, sectio prima, Linguas Europæ et Asiæ complexa. Petropoli, typ. Iohan.-Car.-Schnoor, 1786-89. 4°, 2 vol. de 410 et 499 pp.

N° 464. Catal. de mots japonais.

441. **El P. Juan** de la Concepcion. Historia general de las islas Philippinas, conquistas espirituales y temporales de estos españoles dominios, establecimientos, progresos y decadencias. En Manila, por Aug. de Rosa (pour les 5 premiers volumes), et en el convento de N. S. de Loreto del pueblo de Sampaloc (pour les 7 autres), 1788-1792, 14 vol. petit 4° vélin.

Vente Chaumette-Desfossés.

442. **Thunberg**. C. P. Resa uti Europa, Asia, Africa. Upsal, 1789-93, 8°, 4 vol.

— En allemand : Trad. par C. H. Groskurd. Berlin, 1792, 8°, 2 vol.
— En allemand (abrégé) : K. P. Thunbergs Reisen in Africa und Asien, vorzüglich in Japan, wahrend der Jahre 1772 bis 1779 auszugsweize übersetz von Kurt Sprengel, und mit anmerkungen begleitet von Joh: Reinhold Forster. Berlin, 1792, 8°.
— En anglais : ......
— En français : Thunberg, C. P. Voyages au Japon par le cap de Bonne-Espérance, les îles de La Sonde, etc., rédigés et augmentés de notes particulières sur le javan et le malais, par L. Langlès, et de notes d'hist. nat. par J. B. Lamark. Paris, 1796, 4°, 2 vol., et 8°, 4 vol.
— L'Abrégé par Sprengel a été trad. en français.
— Voyage en Afrique et en Asie, principalement au Japon, pendant les années 1770-1779, par Thunberg. Trad. du suédois, avec des notes du traducteur. Paris, 1794, 8°.

443. **Benlowsky's** (Count de). Memoirs and travels, consisting of military operations in Poland, his exile into Kamstchatka, his escape and voyage for that peninsula through the northern Pacific Ocean, touching at Japan and Formosa, to Canton in China, with an account of the French settlement of Madagascar, 1790, 4°, 2 vol., portrait, maps and plates.

Bibl. imp., suppl. O, 4461 (4-2).

— En français, Voyages et Mémoires de Maurice Auguste, comte de Benyowsky. Paris, 1791, 8°, 2 vol.

444. **Meares** (Capt.). Voyages made in 1788 and 89, from China to the N. W. coast of America, 1790. London, 4°, maps, etc.
— En français : trad. par Billecoq. Paris, an III (1795), 8°, 3 vol. et atlas.

445. **Capt. James** Colnet's Voyage, from cape Horn, into the Pacific Ocean. Londres, 1792, 8°.

446. **Fr. Joaquim** de Santo Agostinho. Memoria sobre as moedas do reino e conquistas. — Se trouve au t. I (pp. 344 à 429) des Memorias de litt. Portugueza. — Lisboa, 1792, 4°.

Bibl. imp., R. 4245, I. I.
Voir Fig. 43.

447. **Thunberg**. C. P. Observationes in linguam Japonicam. Nova acta Upsal. (V. 258 à 273).1792.

448. **Compendio** della Vita di S. Francesco Saverio della C. di G., tratto dalla vita scritta dal P. Giuseppe Massei della st. Comp. — Roma, Mich. Puccinelli, a spese di Niccola d'Antoni, stampatore di Rami, 1793, 8°, pp. 104 (avec un portrait bien fait et de nombreuses figures).

— A la suite se trouve : La Giornata cristiana e santa, operetta composta dal grande apostolo dell' Indie S. Francesco Xaverio della C. di G., pp. 10.

— 46 —

449. **Voyage** de La Pérouse autour du monde ; publié conformément au décret du 22 avril 1791, et rédigé par M. L. A. Milet-Mureau. Paris, I. de la R., an v (1797) 4°, 4 vol. et atlas f°.
— Autre édition : Imp. de la R. an vi (1798), 8°, 4 vol., sans atlas.
— Trad. en hollandais : De La Pérouse. Ontdekkingsreis rondom de wereld in 1785-1788, 8°, 4 vol. ?

450. **Lacépède**. Histoire naturelle des poissons. Paris, 1798, 4°.

451. **Pennant**, Thom. View of Indostan (2 vol.); India extra Gangem, China and Japan (1 vol.); etc. Lond., 1798-1800, f°, 4 vol., with plates and maps.

452. **Hervas**. Catalogo de las lenguas, 1801, 4°.
Au T° II (Lenguas y naciones de las Islas de los Mares Pacifico o Indiano austral y oriental, y del continente dell' Asia) se trouve une série de mots japonais.

453. **Account** of an expedition to the northern parts of Russia..., by com. S. Billings. London, 1802, 4°, map and plates.
— En français : Voyage dans le nord de la Russie asiatique, par le commodore Billings, rédigé par Sauer, et trad. de l'anglais par Castéra. Paris, 1802, 8°, 2 vol. et atlas 4°.

454. **Asiatisches** magazin, herausgegeben von J. Klaproth. Weimar, 1802, 8°, 2 vol., cartes et planches.

455. **A Voyage** of discovery to the North Pacific Ocean : in which the coast of Asia, from the lat. of 35° N. to the lat. of 52° N., the island of Insu (commonly known under the name of the land of Yesso), the north, south, and east coasts of Japan, the Lieuchieux and the adjacent Isles, as well as the coast of Corea, have been examined and surveyed, — performed in H. M's. sloop Providence, and his tender, in the years 1795, 6, 7, 8, by W. Rob. Broughton. London, T. Cadell and W. Davies, 1804, 4°.
Bibl. Imp., O, 4261. B. 8.
La relation de Broughton renferme des spécimens de vocabulaires pour les langues d'Yesso, des Loutchou et de la Corée.
— En français : Voyage et découvertes dans la partie septentrionale de l'Océan pacifique, par le capitaine Broughton, de 1791 à 1798, trad. par J. B. B. Eyriès. Paris, Dentu, 1807, 8°, 2 vol.
En appendice est le voyage de Laxmann à Matsumaï.

456. **Lacépède**. Hist. nat. des Cétacés. Paris, an XIII (1805), 4°.

457. **Supplementum** et castigatio ad scriptores trium ordinum S. Francisci a Wadingo allisque descriptos cum adnotationibus ad syllabum martyrum eorumdem ordinum. Opus posthumum Fr. Jo. Hyacinthi Sbaraleæ minor. conv. sacr. theol. magistri. Romæ, ex typis S. Michaelis ad ripam, 1806, f°.

458. **Ye ki ken**. Dictionnaire hollandais-japonais, 4°. (Au Japon ?) 1807.
Bibliothèque Impériale. (Manuscrits).

459. **Annales** des Voyages de la géographie, et de l'histoire par Malte-Brun. Paris, 1808-1815, 8°, 25 vol.
Il existe une table de cette collection.

459 bis. Nouvelles Annales des Voyages, de la géographie et de l'histoire, etc., publiées par MM. J.-B. Eyriès et Malte-Brun. Paris, Gide, 1819 et ann. suiv., 8°.
1re série, par MM. Eyriès et Malte-Brun, 1819-1826. 20 vol.
2e série, par MM. Eyriès, Larenaudière et Klaproth, 1826-33. 30 vol.
3e série, par MM. Eyriès, A. de Humboldt, Larenaudière, Auguste de Saint-Hilaire, Walkenaer et Bureau de La Malle. 1834-39. 24 vol.
Il existe une table de ces 3 séries.
T. II, p. 494, art. sur Titsingh, Cérémonies, etc.
T. III, p. 247, art. sur un voyage au Japon.
T. XXIII, quelques fragments.
T. XXVI, pp. 123 et 263, Détention de Siébold.
T. XLVIII, p. 310, sur les volcans, et p. 346, sur les sources chaudes.
T. LIX, p. 83 à 97, Notice de deux voyages au Japon, par Klaproth.
T. LXV, 3 fragments.
T. LXXI, art. de 50 pages sur Doeff, p. 237 à 300.
4e série, par MM. Ternaux-Compans, F. Arago, d'Avezac, L. Duperrey, Bureau de La Malle, Eyriès, A. de Humboldt, Larenaudière, Marmier, Aug. de Saint-Hilaire, le vicomte de Santarem, le baron Walckenaer. 1840 à 44. 20 vol.
5e série, par Vivien de Saint-Martin, 1845-1854. 40 vol.
6e série, par M. V. A. Malte-Brun, 1855-1859. 20 vol.

460. **Krusenstern** (en allemand). Voyage de 1803 à 1806. Saint-Pétersbourg, 1810-12, 4°, 3 vol., avec atlas f°.
Bibliothèque Imp., O, 4°, 4424. M. 4. 4.
— En anglais : A. J. von Krusenstern, Voyage round the world in the years 1803, 1804, 1805 and 1807, by order of his I. M. Alexander I. Transl. from the orig. german by R. Belgrave Hoppner. London, 1813, 4°, 2 vol., fig.
— Traduction française, revue par Eyriès. Paris, Gide fils, 1821, 8°, 2 vol., et atlas.

461. **Archiv** fur asiatische litteratur... von J. Klaproth. Saint-Pétersbourg, 1810, 4°. T. I (le seul publié).

462. **Biographie universelle** (Michaud). 1re éd., Paris, Michaud, 1811 et années postér. (84 volumes parus en 1859). 2e édit., Ve Thoisnier-Desplaces, 1843 et années postér. (24 vol. parus en 1859).
Pour un certain nombre d'articles.

[A. 1814—1816]   BIBLIOGRAPHIE JAPONAISE.   [A. 1816—1847]

463. **Th. St. Raffles.** The History of Java. London, 1811, 4°, 2 vol.
En appendice se trouve le mémoire d'Imhoff sur le commerce du Japon.

464. **Japan** mit seinem VII Provinzen, nach Robert's Entwurf. Kupferst. Weimar, Landes-industrie-comptoir. 1811. Gr. 4°.

465. **Map** of the islands of Japan, Kuriles, etc. with the adjacent coast of the Chinese dominions and a sketch of the river Amoor and the Baikal lake including the trading ports of Russia and China and their relative situation with Peking, delineated by A. Arrowsmith. London, 1811, gr. f°.

466. **Journal** des Voyages, découvertes et navigations modernes ; ou Archives géographiques et statistiques du XIXᵉ siècle..... publié par J. T. Verneur , etc. Paris, 1812 et ann. s., 8°. 2ᵉ édit., Paris, Colnet , et Roret, 1821 et ann. suiv., 8°, 44 vol.
Articles et notices, passim.

467. **Bemerkungen** auf einer Reise um die Welt, in den Jahren 1803 bis 1807, von G. H. von Langsdorff, etc. Frankfurt am Mayn, 1812, 4°, 2 vol. et atlas.
B. 1 O. 1434. L. 1, 2.

468. **Tilesius.** Naturhistorischer Früchte der ersten kaiserl. Russ. unter Krusenstern vollbrachten Erdumsegelung. Petersb. et Leipz., 1813, 4°.

469. **Krusenstern.** Wörter-Sammlungen aus den Sprachen einiger Völker des Oestlichen Asiens und N. W. Küste von America. S. Petersburg, 1813, 4°.

470. **Milburn, W.**, Oriental Commerce, cont. a geograph. descr. of the princ. places in the East Indies, China and Japan, with their produce, etc., including the history of trade of the various Europ. nations with the eastern world, partic. that of the Engl. E. I. Comp. London, 1813, 4°. 2 vol. (with maps).
— 2ᵉ édition : **Milburn , W.**, Oriental Commerce ; or the East India Trader's complete Guide; cont. a geograph. and nautical descr. of the maritime parts of India, China, Japan and neighbouring countries , with an account of their respect. commerce, productions, etc., etc. 2d edit. with addit. by Thom. Thornton. London. 1825, roy. 8°, with maps.

471. **A Voyage** round the world , from 1806 to 1812, by Arch. Campbell. Edinburg, 1816, 8°.
C'est le voyage fait par l'*Eclipse* en 1807.
Bibl. Imp. : Acquisitions Langlès. 2016.
— En hollandais : Campbell, Arch. Reize om de wereld in de jarem 1806-1812. Amst, 1818, 8°.

472. **Journal des Savants**, Imp. roy., 4°.
(Consulter spécialement dans les volumes de 1816 à 1832 les travaux de M. Rémusat relatifs au Japon.)
1817, juin. — Art. de M. Biot sur le livre de Campbell.
— Juillet. — Art. de M. Rémusat. Description d'un groupe d'Iles.
— Août. — Art. de M. Vanderburg. Aventures de Solemend.
1818, avril. — Art. de M. Vanderburg. Expéd. de Ricord.
— Août. — Art. de M. Rémusat. Cérémonies usitées au Japon.
1823, novembre. — 1ᵉʳ art. de M. Rémusat. Asia polyglotta de M. Klaproth.
Ibid. Notice des tableaux historiques de l'Asie, par M. Klaproth.
1824, janvier. — 2ᵉ art. de M. Rémusat. Asia polyglotta de M. Klaproth.
— Mai. — Art. de M. Rémusat sur divers mémoires relatifs à l'Acupuncture.
1825, octobre. — Art. de M. Rémusat. Grammaire japonaise du P. Rodriguez, traduct. par M. Landrelle.
1826, juin. — Supplém. à la grammaire japonaise du P. Rodriguez.
1831, novembre. — Art. de M. Rémusat. An english japanese vocabulary, by W. H. Medhurst.
Il existe quelques autres articles dans la suite de la collection.
Nota. Un certain nombre des articles de M. Rémusat ont été tirés à part, et publiés de nouveau plus tard dans les Mélanges de ce savant.

473. **Narrative** of a voyage in his M's late ship *Alceste*, in the Yellow Sea, along the coast of Corea, etc., to the islands of the Lew-Chew; by John Mac-Leod. London, Murray, 1817, 8°.
— London, Murray, 1818, 8°.
— 3ᵉ édition anglaise sous le titre de : Voyage of H. M's ship *Alceste* to China, Corea, and the Island of Lew-Chew, with an account of her shipwreck : by John Mac-Leod. London, Murray, 1826, 8°, fig.
— Trad. française, par Def. Paris, Gide, 1818, 8°, fig.

474. **Golovnine** (Voyages de), en russe....
— En allemand, trad. par Schultz : Begebenheiten, des capitains von der Russisch kaiserlichen Marine Golownin in der gefangenschaft bei den Japanern in der Jahren 1811, 1812, und 1813 nebst seinem Bemerkungen über das Japanische Reich und Volk, u. einem Anhange der capitaine Rikord, aus dem Russischem übersetzt von J. Schultz. Leipzig, Fleischer, 1817, 8°, 2 vol., cartes et fig.
L'ouvrage de Ricord a été publié séparément. V⁰ l'art. suivant.
— En hollandais : Golownin, W., mijne Lotgevallen bij de Japanners, met Aanmerk. over het Japansche Rijk. Dordr., 1817, 8°, 2 part.
— En français : Traduit par Eyriès, sous ce titre : Voyage et récit de la captivité chez les Japonais, etc. Paris, 1818, 8°, 2 vol.

— 48 —

— En anglais sous le titre de : Recollections of Japan. London, 1819, 8°.
— 2° édition anglaise : Memoirs of a captivity in Japan during the years 1811, 1812, and 1813... by capt. Golownin. London, Colburn, 1824, 8°, 3 vol.

475. **Rikord.** Erzahlung von seiner Fahrt nach den Japanischen Küsten in Jahren 1812-13. Aus den Russ. von (M. O.). V. Kotzebue. Leipzig, 1817, 16°.
— En français : Le Japon, ou Voyage de Paul Ricord en 1811, 1812 et 1813, etc., trad. de l'allemand par M. Breton, avec planches. Paris, 1822, 24°, 2 vol.

476. **Description** d'un groupe d'îles peu connues (Bonin Sima), par Abel Rémusat. 4°, 1817.
Extrait du Journal des Savants, juillet 1817. Se trouve aussi dans les nouveaux mélanges de Rémusat. T. I, pp. 153 à 170.

477. **Account** of a voyage of discovery to the west coast of Corea and the great Loochoo Island, etc., by capt. Basil Hall, and a vocabulary of the Loochoo language, by Clifford. London, Murray, 1818, 4°, cartes et plans.
Biblioth. imp. O. A°, 4360, 6.
— En hollandais : Basil Hall, Ontdekkingsreis langs Corea en het Loo-Choo eiland in de Japansche zee. Rott., 1818, 8°.

478. **Breton, M.**, Le Japon; ou Mœurs, usages et costumes des habitants de cet empire, d'après Krusenstern, Langsdorf, Titsingh et Golownin. Paris, 1818, 12°, 4 vol. avec 51 pl. color.

479. **Nouvelles Lettres** édifiantes des missions de la Chine et des Indes orientales. Paris, Adr. Leclère, 1818, 12°, 8 vol.
T. V. Christianisme en Corée.

480. **Cérémonies** usitées au Japon pour les mariages et les funérailles, etc., suivies d'anecdotes sur la dynastie régnante, trad. par Titsingh. Paris, Neveu, 1819, 8°, et atlas.
— 1822, 16°, 3 vol.

481. **Capt. James Burney.** A Chronological history of north eastern voyages of discovery and of the early eastern navigation of the Russian. London, 1819, 8°.

482. **Krusenstern.** Beitrage zur Hydrographie der Grössern Ocean. Leipzig, 1819, 4°?

483. **Quarterly** Review..............
Divers articles et notamment :
Vol. VI, p. 379, Voy. de Sazis.
Vol. XX, p. 149. (July 1819) Journal mss. du cap. Gordon of the Brothers, 1818.
Même vol. — Art. sur le voyage de Golownine.
Vol. LVI. (1835), p. 415. Doeff's Memoirs.

484. **Klaproth.** Notice sur l'archipel de Jean Potocki, situé dans la partie septentrionale de la mer Janne. Paris, J.-M. Eberhart, 1820, 4° (avec une carte).
Plusieurs des travaux de M. Klaproth ont été publiés dans des revues, tirés à part, et réunis dans les Mémoires sur l'Asie.

485. **Sin Soou**, Zi rin Giyokf Fen, Fo Yi... Dictionnaire chinois-japonais. Yedo ? 1820, 8° obl.
Bibl. imp., dép. des manuscrits.

486. **Mémoires** et anecdotes sur la dynastie régnante des Djogoun, souverains du Japon, par Titsingh, revu par Abel Rémusat. Paris, Nepveu, 1820, 8°.
— Traduit en anglais, avec plusieurs autres pièces de Titsingh, sous le titre de : Titsingh, Illustrations of Japan, consisting of private memoirs and anecdotes of the present dynasty of the Djogoun, description of the feasts and ceremonies, etc., etc., transl. of the french, by Fr. Shoberl, with coloured plates from Jap. original designs. Lond. 1822. Gr. 4°.
— En holl. : Bijzonderheden over Japan, uit het Eng. 's Hage, 1824, 8°, 2 vol. avec pl. col.

487. **Historical** account of discoveries and travels in Asia, by Hugh Murray. Edinburgh, Constable and Longman, 1820, 8°.
III° vol. pp. 366-397, Japan.

488. **Otto** von Kotzebue. Entdeckungsreisen in die Südsee und nach des Behringsstrasse zur Erforschung einer Nordöstlichen Durchfahrt, in den J. 1815-1818. Weimar, 1821, 4°, 3 vol., avec 21 planches et 7 cartes.
— Trad. en anglais : London, 1821, 6°?, 3? vol.
— En hollandais : O. von Kotzebue, Ontdekkingsreis in de Zuidzee en naar de Berings-straat, in de jarem 1815, 1816, 1817 en 1818; uit het Hoogd. Amst., 1822, 8°, 5 vol.

489. **Bulletin** de la Société de Géographie. Paris, 1821 et ann. s., 8°.
1re série : 1821 à 1833, 20 vol.
2e série : 1834 à 1843, 20 vol.
Il existe une table des deux premières séries (1822-43) par M. Eng. de Froberville.
1re série, VI, 436. Plantes du Japon.
— VIII, 66. Population et étendue.
— VIII, 66. Ile Formose.
— XI, 156. Lettre du D' Siebold sur ses travaux et sur une carte.
— XIII, 99. Lettre du même sur sa captivité et sa collection de cartes.
— Ibid., 294. Sa délivrance.
— XV, 257. Ile Formose.
— XIX, 53. Annonce par M. Siébold de son histoire du Japon.
— XX, 57. Sites pittoresques.
2e sér., IV, 55. Opinion de Krusenstern sur les cartes japonaises rapportées par le D' Siebold.
— XV, 197. Collection des curiosités japonaises rapportées par M. S***.
— XVIII, 39. Tentative américaine en 1837.
3e série : 1844 à 1850, 14 vol.
3e série, VI, 409. Sur l'état présent du Japon ; art. de M. Jomard.

[A. 1822—1824]   BIBLIOGRAPHIE JAPONAISE.   [A. 1824—1825]

4ᵉ série : 1854 à l'année présente.
4ᵉ série. XVI, 280. Notice sur l'île Formose, à l'occasion d'une carte de cette île, apportée en 1856 par M. de Montigny (avec une carte coloriée); art. de M. Jomard.
— XVIII, 1. Recherche sur la valeur du *Li* d'après la carte chinoise de l'île Formose ; et additions au coup d'œil sur l'île Formose, par M. Jomard.
Ces 2 derniers articles ont été réunis en un tirage à part (1859).

490. **Annales** de l'Association de la Propagation de la Foi. Paris et Lyon, 1822 et années suiv.
Les années 1822 à 1853. 25 vol. — Table de ces volumes publiée en 1853. — 1854 à 1859, 5 vol., le 6ᵉ non achevé.
Japon. — IX, 279. Ambassade russe de 1820.
IX, 280. Les Hollandais au Japon. — Sur l'existence de chrétiens au Japon.
XIII, 165. Mgr. Imbert, vic. apost. de Corée, envoie un catéchiste au Japon.
XVIII, 254. Les Anglais sur les côtes du Japon.
XVIII, 470. Erection du vicariat apostolique du Japon.
XXI, 196. Tribut de peaux humaines.
XXI, 218. Notice sur l'empire du Japon.
XXI, 223. Commerce des Hollandais.
XXIV, 131. Nouvelle route pour pénétrer au Japon.
XXIX, 305. MM. Girard et Mermet au Japon. — Ils visitent Hakodadi.
Licou-Kieou. — XVIII, 376. Notice sur le royaume de Licou-Kieou ou Lu-Chu.
XXI, 250. Autre notice sur l'île principale Licou-Kieou.
XXVI, 436 et 453. Les missionnaires aux Licou-Kieou.
XXIX, 293, 296. Les missionnaires aux Licou-Kieou.
Corée. — IX, 406. Lettre de l'empereur du Japon au roi de Corée en 1825.
XIII, 158. Invasion japonaise.

491. **Instructien**, Brieven, Weeglijsten enz. allen betr. het Nederl. Koopvaardijschip Handelmaatschappij, gezagvoerder P. H. Willers, naar Japan gevaren in 1823, 12 stn. fol.
Cat. de Muller.

492. **Asia** polyglotta, von J. Klaproth (en allemand). Paris, Schubart et Dondey-Dupré, 1823, 4°, avec atlas f°.
Vol. XVI, p. 328-333, langue japonaise.
— 2ᵉ édit., corrigée et augmentée. Paris, Schubart, 1829, 4° et atlas f°.

493. **Wahlström**, præs. Thunberg. Plantarum Japonicarum species. Upsal, 1824, 4°.
Bibl. de la Soc. de Batavia.

494. **Catalogue** des livres japonais donnés par lord Kinsborough à la Société asiatique, 1824, 8°.
Journal as. 4ᵉ sér., t. V, pp 113 à 114.

495. **Sur des cartes** du Japon, originales, art. par L. B. 1824.
Journal as., 1ʳᵉ série, t. V, pp. 183 à 188.

496. **Krusenstern**. Atlas de l'Océan Pacifique. Pétersbourg, 1824-27, f° max., 2 vol.

496 bis. Recueil des mémoires d'hydrographie, pour servir d'analyse et d'explication à l'atlas de l'Océan Pacifique, par le contre-amiral de Krusenstern. Pétersbourg, 1824-1827, gr. 4°, 3 part., avec additions et supplément.

497. **Siebold**. De Historiæ naturalis in Japoniâ statu. Batavim, 1824, 8°.

498. **Klaproth**. Mémoires relatifs à l'Asie, contenant des recherches historiques, géographiques et philosophiques sur les peuples de l'Orient. Paris, Dondey-Dupré, 1824-26-28. 8°, 3 vol., cartes et fig.
T. I, pp. 310-334. Notice de l'archipel de Jean Potocki.
— pp. 324-375. Description de l'île Formose. — Vocabulaire et phrases de la langue formosane.
T. II, pp. 137-199. Description des îles Licou-Kieou.
— pp. 190-200. Description des îles Mou-Ni-Sima.
— pp. 411-432. Explication d'une carte chinoise et japonaise de l'Inde.
T. III, pp. 474-484. Notice d'une mappemonde japonaise.

499. **Klaproth**. Tableaux historiques de l'Asie depuis la monarchie de Cyrus jusqu'à nos jours. Paris, Schubart, 1824, 4°, atlas f° de 26 cartes et tableau.

500. **Mémoires** sur l'électro-puncture, considérée comme moyen nouveau de traiter efficacement la goutte, les rhumatismes et les affections nerveuses, et sur l'emploi du moxa japonais en France ; suivi d'un traité de l'acupuncture et du moxa, principaux moyens curatifs chez les peuples de la Chine, de la Corée et du Japon ; ornés de figures japonaises, par le chev. Sarlandière, docteur en médecine, etc. Paris, Delaunay, 1825, 8°.
Bib. imp., T. 2656. K. M.

501. **Notice** sur l'île de Kosima, ou le plus petit volcan du globe, art. de Klaproth.
Extr. des Nouv. Ann. des Voyages, 2e s., T. VII.

502. **Notice** sur Formose, par Klaproth.
Nouvelles annales des voyages, 5e série, t. XX, pp. 195 à 224.

503. **Rémusat**. Observations chinoises et japonaises sur la chute des corps météoriques, 1825.
Se trouve encore aux mélanges, t. I, pp. 184 à 208.

504. **Journal asiatique**, 1ʳᵉ série. Paris, 1825 et ann. suiv., 8°.
T. Iᵉʳ. Sur la langue des indigènes de l'île de Formose ; par M. Klaproth, pp. 193-202.
T. V. Livres japonais donnés par lord Kingsborough, p. 113. — Note sur les cartes du Japon, pp. 183-185.
T. VI. Rapport de 1825 : Observations sur la

— 60 —

[A. 1825] BIBLIOGRAPHIE JAPONAISE. [A. 1825—1829]

grammaire japonaise abrégée de Rodrigues, trad. par M. Landresse, et publiée par la Société asiatique, pp. 24 à 27.
T. VII. Description des îles Mou-nin-Sima, trad. de l'ouvrage japonais San Kokf tsu ran ; par M. Klaproth, pp. 243-250. Et note par le même, p. 320.
T. X. Rapport de 1827. Observations sur un projet de dictionnaire japonais, pp. 20-22. — Collection japonaise cédée au gouvernement hollandais par Ch. Overmeer Fischer, p. 384.

— Journal asiatique, 2ᵉ série, 1828 et ann. suiv.
T. Iᵉʳ. Sur la langue des Lieou-Kieou. Note anonyme, p. 248.
T. II. Foo Koua siriak, ou Traité sur l'origine des richesses au Japon, par Klaproth (juillet 1828), pp. 1-25.
T. III. Sur l'introduction des caractères chinois au Japon, et sur l'origine des différents syllabaires japonais, par Klaproth (janvier 1829), pp. 49-48 et planches. — Lettre de M. de Siebold sur ses travaux, par M. Klaproth, pp. 23-73. — Rapport sur un mémoire relatif à l'origine des Japonais, de M. de Siebold (juin 1829), pp. 385-405. —Notice de quelques ouvrages japonais et coréens mentionnés par M. de Siebold (juin 1829), pp. 405-408.
T. V. Notice sur les accouchements au Japon ; art. de M. Jacquet (mars 1830), pp. 225-234. — Notice extraite d'un mémoire inséré au Xᵉ volume des Mémoires de Batavia (Bat. 1825) intitulé : Beantwording, par Mimastunzo et Siebold.
T. VII. Mœurs et usages des Aïnos, par M. de Siebold. (Extrait du mémoire sur l'origine des Japonais, écrit en allemand par le même auteur) (janvier 1831), pp. 73-80. — Rapport d'avril 1831 : Annonce d'un grand ouvrage en 2 vol. 4ᵒ, de M. Rémusat, sur les sciences naturelles chez les Chinois, les Japonais et les Tartares, p. 55.
T. VIII. Étymologie du nom de Ziegahata, que les Japonais donnent à l'Europe, par M. Jacquet, pp. 349-352.
Tome XI. Sur les Daïris ou empereurs du Japon, par M. Klaproth (février 1833), pp. 160-177.
T. XII. Notice d'une chronologie chinoise et japonaise, par M. Klaproth (novembre 1833), pp. 402-427.
T. XVI. Notice sur M. Klaproth, par M. Landresse (septembre 1835), pp. 243-270.

— Journal asiatique, 3ᵉ série, 1836 et ann. suiv.
Néant.

— Journal asiatique, 4ᵉ série, 1843 et ann. suiv.
Néant.

— Journal asiatique, 5ᵉ série, 1853 et ann. suiv.
En cours de publication.
T. XI. Remarques sur quelques dictionnaires japonais-chinois, par M. Léon de Rosny, p. 258.

Nota. Les rapports annuels présentés à partir de 1840 par M. Mohl, secrétaire de la Société, font connaître, année par année, les progrès des études japonaises en Europe.

505. **Mémoire** sur l'acupuncture, par Rémusat, 1825.
Se trouve en ses nouveaux mélanges, t. I, p. 358.

506. **Mélanges asiatiques**, ou Choix de morceaux de critique et de mémoires relatifs aux religions, aux sciences, aux coutumes, à l'histoire et à la géographie des nations orientales, par M. Abel Rémusat. Paris, Dondey-Dupré, 1825-26, 8ᵒ, 2 vol.
Contient notamment : 1ᵉʳ vol. — xɪ Observations chinoises et japonaises sur la chute des corps météoriques.
IIᵉ vol. — Néant.

507. **Description** des îles Mou-nin-Sina, c'est-à-dire des îles inhabitées ; traduite de l'ouvrage japonais San Kokf tsu ran, imprimé à Jedo en 1785 ; par Klaproth.
En ses Mémoires relatifs à l'Asie (1826), t. II, p. 190 à 199, et au Journal asiat., 1ʳᵉ sér., t. VII.

508. **Siebold**. De historiæ naturalis in Japonia statu. Wirceb., 1826, 8ᵒ.
Cat. Muller.

509. **Siebold**. Epitome linguæ Japonicæ. Batavia, 1826, 8ᵒ, avec 10 planches lithographiées.
Fait partie des Mémoires de la Société de Batavia, T. XI.

510. **Description** des îles Lieou-Kieou, extraite d'ouvrages japonais et chinois, par Klaproth, 1826.
Extrait des nouvelles annales des voyages, 2ᵉ s., t. VII. Et dans les mélanges de l'auteur, t. II, pp. 157 à 189.

511. **Notice** sur l'Encyclopédie japonaise, et sur quelques ouvrages du même genre, par Abel Rémusat. (Pages 123 à 310 du) T. XI des Notices et extraits des Ms. de la bibliothèque du Roi et autres bibliothèques). Paris, impr. roy., 1827, 4ᵒ.

512. **Fookoua Siriak,** ou Traité sur l'origine des richesses au Japon, écrit en 1708 par Arrai Teikougo-no Kami Sama, autrement nommé Fak Sik Sen See, instituteur du Daïri Tsuna Joosi et de Yeye mio tsou, traduit de l'original chinois et accompagné de notes, par M. Klaproth. Paris, Schubart et Heideloff, 1829, 8ᵒ, pp. 24.
Se trouve au Journal asiat., 2ᵉ série, t. II, pp. 3 à 25, et à la suite du Magasin asiatique de l'auteur.

513. **J. Turk,** de Acupunctura. Traj. ad Rhen. 1828, 8ᵒ.

514. **Mémoire** sur l'introduction et l'usage des caractères chinois au Japon et sur l'origine des différents syllabaires japonais, suivi d'un vocabulaire coréen, par Klaproth. 1. R., 1829, 8ᵒ.
Extrait du Journ. as., 2ᵉ série, t. III, pp. 49 à 48.

515. **Examen** de la dissertation de Siebold sur l'origine des Japonais, par Klaproth (en allemand), 1829, 8ᵒ.
Cat. Bailleul.
— Ce doit être le même article que : Rapport sur

un mémoire relatif à l'origine des Japonais, par M. de Siebold ; rapporteur, M. Klaproth.
Journ. as., 2ᵉ série, t. III, pp. 385 à 405.

— A la suite : Notice de quelques ouvrages japonais et coréens, mentionnés par M. de Siebold.

516. **Rémusat**. Notice sur Jean Rodriguez, missionnaire au Japon. 1829.
Nouveaux Mélanges, t. II, pp. 222 à 226.

517. **Nouveaux mélanges asiatiques**, etc., par M. Abel Rémusat. Paris, Schubart et Heideloff, 1829, 8°, 2 vol.
Contient notamment : T. Iᵉʳ. Description d'un groupe d'îles peu connues, entre le Japon et les îles Mariennes.
T. IIᵉ. Notices biographiques du P. Jean Rodriguez et de M. Titsingh.

518. **Rémusat**. Sur l'acupuncture. 1829.
Nouveaux Mélanges, t. I, pp. 358 à 380.

519. **Rémusat**. Notice sur Titsingh. 1829.
Nouveaux Mélanges, t. II.

520. **Rémusat**. Sur la grammaire japonaise de Rodriguez. 1829.
Nouveaux Mélanges, t. I, pp. 354 à 357.

521. **Revue des Deux Mondes**, Recueil de la politique, de l'administration et des mœurs. Paris, 1829 et ann. suiv., 8°.
Les Annuaires publiés à partir de 1831 par la *Revue des Deux Mondes* contiennent le résumé périodique des évènements de l'extrême Asie.

522. **An English** and Japanese and Japanese and English vocabulary, compiled from native works, by W. H. Medhurst. Batavia, printed by lithography, 1830, 8°, p. 344.

523. **Meylan**, G. F. Japan voorgesteld in schetsen over de Zeden en Gebruiken van dat Rijk. Amst., 1830, gr. 8°, pl. col.

524. **Siebold**. Synopsis plantarum œconomicarum universi regni Japonici, cum 2 tabb. Bat., 1830, gr. 8°.
Fait partie des Mémoires de la Société de Batavia, t. XII, pp. 4 à 75.

525. **Memoir** of the life and public services of sir Thomas Stamford Raffles, F. R. S., etc., particularly in the government of Java (1811-1816) and of Bencoolen and its dependencies (1817-1824), with details of the commerce and resources of the eastern archipelago, and selections of his correspondence, by his widow. London, John Murray, 1830, 4°.
— London...... 1838, 4°.

526. **Otto** von Kotzebue. Neuen Reise um die Welt in den J. 1823-26. Weimar, 1830. 8°, 2 vol., planches et cartes.
— En hollandais : Kotzebue (O. von). Nieuwe Ontdekkingsreize rondom de wereld, in de jaren 1823, 1824, 1825 en 1826 ondernomen, uit het Hoogd. vert. Haarl. 1830. 8°, 2 vol.
Catal. de la Soc. de Batavia.

527. **Notice** sur les accouchements au Japon, par M. Jacquet, 1830.
Journ. as., nouvelle série, t. V, pp. 225 à 231.

528. **Narrative** of a voyage to the Pacific and Beering's strait, performed in H. M. Ship Blossom, under the command of the captain E. W. Beechey, in the years 1825-28. London, 1831, 4°, 2 vol.

529. **Siebold** (P. F. Von). Beantwoording van eenige vragen over de Japansche Vroedkunde door zijnen leerling Mimazunzo, geneesh. te Nagasaki. Vers 1831 ? 8°?

530. **Klaproth**. Sur les montagnes.
Journ. asiat., janv. 1831.

531. **The Journal** of the royal geographical society of London. London, 1831 et ann. s., 8°.
Collection essentielle.

532. **Sankoksi** (tsou ran to sets, ou aperçu général des trois royaumes (Corée, Licou-Kicou et Yeso), par Rinsifée, trad. par Klaproth. Paris, Or. transl. fund, 1832, 8° et atlas 4°.

533. **Siebold** (P. F. von). Nippon. Archiv zur beschreibung von Japan und dessen neben — u. Schutz-ländern, Jezo, mit den Südl. Kurilen, Krafto, Kōrai u. den Liukiu Inseln, nach japan. u. europ. schriften, u. eigenen Beobachtungen bearbeitet. 1832 et ann. suiv. Grand 4°, gravures noires, et atlas f°, de cartes. Livraisons 1 à 20.
Ouvrage non terminé.

— Le même, avec gravures coloriées et atlas grand f°.
— Siebold (P. F. de). Voyage au Japon exécuté de 1823 à 1830. Edit. franç. réd. par de Montry et Fraissinet. Paris, Art. Bertrand, 1838, et ann. suiv. Texte, 8°. Liv. 1-4. Atlas f°, liv. 1-12. *Seules parties publiées.*

534. **Siebold**. Verhandeling over de afkomst der Japanners (met 2 uitslaande etymologische tafelen). Batavia, 1832, gr. 8°.
Mém. de Batavia, T, XIII.

535. **Chinese repository**. Canton, 1832-1851, 8°, 20 vol. (*N'a pas été continué.*)
Il existe une table des 20 vol.
I. P. 109. E. C. Bridgmann. — Medhurt's Chinese and Japanese Vocabulary.
— P. 276. C. Gutzlaff. — Remarks on the Corean language.
II. P. 185. J. R. Morrisson. — Copy of a syllabary and principles of pronunciation of the Corean language.
— P. 318. — Brüger's account of the religious sects of the Japanese.
— P. 406. E. Stevens. — Island of Formosa, (with a map).

III. PP. 145, 193. E. C. B. — Geography, people, government, intercourse with, and productions of Japan.
— P. 496. E. Stevens. — Travels of Benyowsky, with his proceding in Formosa.
IV. P. 195. E. C. B. — Notice of a Corean and Japanese Vocabulary.
VI. P. 405. C. G. — Remarks on the Japanese language.
— P. 143. E. C. B. —Brief history of Lew-Chew.
— PP. 289, 353. S. W. W. — Voyage of the ship Morrison to Lew-Chew and Japan in 1837.
— P. 406. S. W. W. — Specimens of natural history, collected in a voyage to Lew-Chew and Japan.
— P. 418. E. C. B. — Dealings of the Chinese government in Formosa.
— P. 460. C. W. King. — Spanish intercourse with Japan.
— P. 553. C. W. King. — Dutch intercourse with Japan.
VII. P. 217. C. W. King. — English intercourse with Japan.
— P. 588. S. W. W. — Visits of English ships to Japan.
VIII. P. 27 .S. W. W. — Embassy to the Pope from Japan.
— P. 567. J. T. Dickinson. — Roman catholic missions to Corea.
IX. PP. 294, 369, 489, 620 ; X, pp. 10, 72, 160, 205, 279, 309. Mrs. Busk. — Notices of the people of Japan. (Notes by S. W. W.)
XI. P. 404. Nautical observations made in the voyage of the Morrison to Japan, by capt. Ingersoll.
XII. P. 78. Loss of the transport Indian Oak on Lew-Chew.
— PP. 113, 235. Loss of the brig Ann on Formosa.
XIII. P. 450. Belcher's survey and visit to the Madjicosimah Is.
— P. 464. Sailing directions for the Madjicosimah islands and the Bataues, by sir E. Belcher.
XV. P. 473. Winslow's account of a visit to the bay of Yedo by the ship Manhattan, capt. Cooper.
XVIII. P. 345. Cruise of the U. S. sloop of war Preble, Com. J. Glynn, to Napa and Nangasaki.
XIX. PP. 47, 57. Letter from doctor Bettelheim at Lew-Chew, giving an account of his residence and labours.
— PP. 135, 206. T. F. Wade. — Translation of an account of Japan from the Haï-Kwoh Tu Chi, or Notices of Foreign countries.
— P. 392. S. W. W. — Visit of the U. S. brig Dolphin to Formosa.
XX. P. 500. S. W. W. — Loss of the French whaler Narwal on Corea.

536. **Berghaus** (Henri). Asia. Gotha, Just. Perthes, 1832 et ann. suiv. Texte 4°, atlas f°.

537. **Doeff** (Hendrick). Herinneringen vit Japan. Haarlem, 1833, 8°.

Doeff était président de la factorerie hollandaise à Desima.

— Haarlem, 1835, 4°.

Ce livre n'a pas été traduit; mais de nombreux passages ont été cités par le Quarterly Review, vol. LVI, année 1836.

538. **Fisscher** (J. F. van Overmeer). Bejdrage tot de kennis van het Japansche Rijk. Amst., 1833, 4° (15 planches color.).

539. **Reports** of proceedings on a voyage to the northern ports of China, in the ship lord Amherst; extracted from papers printed by order of the House of Commons, relating to the trade with China, by H. H. Lindsay. London, 1833, 8°.

539 bis. **Journal** of two voyages along the coast of China in 1831 and 1832, the first in a Chinese junk, the 2d in the British ship lord Amherst, with notices of Corea, Lewchew, etc., by Charles Gutzlaff. New-Yorck, 1838, 8°.

539 ter. Journal of three voyages along the coast of China, in 1831, 32 and 33, with notices of Siam, Corea, and the Loo-Choo islands, by Gutzlaff. 2° ed. London, Westley and Davis, 1834, 8°, fig.

— En hollandais : Reizen langs de Kusten van China en bezoek op Corea en de Loo-Choo eilanden, in 1832 en 1833. Met een overzigt van China en Siam enz., door W. Ellis. Rott., 1835, 8°, avec pl. et cartes.

540. **Siebold** (P. F. von). Bibliotheca Japonica, seu selecta quædam opera Sinico-Japonica, in usum eorum qui literis Japonicis vacant, in lapide exarata a Sinensi Ko Tsching Dschang, et edita curantibus P. F. de Siebold et J. Hoffmann. Libri VI. Lugd. Bat., 1833-41, 4°, 5 vol. avec tableaux lithogr.

540 bis. De Siebold, Ph. Fr., Isagoge in bibliothecam Japonicam et studium literarum Japonicarum. Lugd. Bat., 1841, Fol.

541. **Tsian** dsu wen, sive mille litteræ ideographicæ, opus sinicum origine cum interpr. Kooratana, etc. Impressum in lapide, exaratum a sinensi Ko Tsching Dshang et redditum curante Ph. Fr. de Siebold. Lugd. Bat., 1833, 4°, lith.

Tiré à 125 exemplaires.

542. **Sur les Daïris** ou empereurs du Japon, par M. Klaproth (1833).

Extr. du Journ. as., 2° série, t. XI, p. 160 à 181.

543. **Notice** d'une chronologie chinoise et japonaise, par Klaproth. Paris, I. R., 1833, 8°.

Extr. du Journ. as., 2° série, t. XII, pp. 402 à 427.

544. **Meylan**, C. F. Geschiedkundig overzigt van den handel der Europezen op Japan. Batavia, 1833, 8°.

Mém. de Batavia, T. XIV.

545. **Nipon** o daï itsi ran, ou Annales des Empereurs du Japon, traduites par M. Isaac Titsingh. Ouvrage revu, complété et corrigé sur l'original japonais chinois ; accompagné de notes et précédé d'un aperçu de l'histoire my-

— 53 —

[A. 1834-1836] BIBLIOGRAPHIE JAPONAISE. [A. 1836-1839]

thologique du Japon; par M. J. Klaproth. Paris, printed for the oriental translation fund of Great Britain and Ireland, 1834, 4°.

546. **Siebold.** Sin-zoo-zi-lin-gaiok-ben, Novus et auctior litterarum ideographicarum thesaurus, sive collectio omnium litterarum sinicarum secundum radices disposita, pronuntiatione Japonica adscripta, opus Japonicum exaratum a Ko tching dschang, et redditum curante Siebold. Leyde, 1834, 4°.

Tiré à 100 exemplaires. — C'est la transcription d'un ouvrage chinois japonais. — La plupart des explications sont en chinois.

547. **Mémoire** sur l'origine japonaise, arabe et basque de la civilisation des peuples du plateau de Bogota, d'après les travaux récents de MM. de Humbold et Siébold, avec un tableau comparatif des caractères des cycles d'heures des Muyscas, des Chinois et des Japonais, par M. le chev. de Paravey. Paris, gr. 8°, 1834 ?

Extrait des Annales de Philos. chrétienne.
Soc. as. L. Rec.

548. **De Paravey.** Astronomie chez les Japonais et les Chinois, 8°.

Extr. des Ann. de philos. chrét.

549. **The Journal** of the royal Asiatic Society of Great Britain and Ireland. London, 1834 et ann. suiv., 8°.

550. **Siebold** (Ph. Th. von). Wa kau von Sekl gen zi ko. Thesaurus linguæ japonicæ. Lugd. Bat., 1835, 4°.

551. **Medhurst.** Translation of a comparative vocabulary of the Chinese Corean and Japanese language. Batavia, 1835, 8°.

Bibl. de la Soc. asiat.

552. **Coup d'œil** sur la Faune des îles de la Sonde et de l'empire du Japon. Discours préliminaire destiné à servir d'introduction à la Faune du Japon, par Temminck (1835 ?), f°. pp. 30.

Publié à part. — (V° le n° 564.)

553. **Krusenstern.** Supplément au recueil des mémoires hydrographiques. Saint-Pétersbourg, 1835, 4°.

554. **Siebold** (Ph. Th. von). Flora Japonica. Sectio prima. Plantæ ornatui vel usui inservientes. Digessit D° J. C. Zuccarini. 1836-1847, 4° maj.

T. I. 20 fasc. — T. II. Fasc. 1-5. Incomplet à cause de la mort de Zuccarini.

554 bis. Zuccarini et Siebold. Floræ japonicæ familiæ naturales adj. generum et specierum exemplis selectis. Sect. I. II. 4°.

554 ter. Siebold et Zuccarini. Icones et descriptiones Hydrangearum in Japoniâ, 4°.

Tirage à part de la Flora japonica, sect. 1.

554 quater. Zuccarini. Weitere notizen üb. die Flora von Japan, 1844, 4°. (Mémoires de l'Académie des sciences de Bavière.)

555. **W. H. de Vriese.** Het gezag van Kaempfer, Thunberg, etc., omtreit den botanischen oorsprong van den Steranijs des handels gehandhaaft tegen von Siebold en Zuccarini. 1836, 8°.

Bibl. de la Soc. de Batavia.

555 bis. Siebold. — Erwiederung auf de Vriese's Abhandlung : Het gezag van Kaempfer, Thunberg, Linnæus en and., omtr. den botan. oorspr. van den Steranijs des handels, gehandhaafd tegen Ph. Fr. von Siebold en J. C. Zuccarini. Mit Bezug auf die von J. Hoffmann mitgetheilten Angaben schinesischer und japanischer naturgeschichten van dem Ilicium anisatum. Leid., 1837, gr. 8°.

Catal. Müller.

556. **J. F. Davis.** Description of China and its inhabitants, to which are added observations on Japan and the Indo Chinese nations. London, Knigth, 1836, 8°, 2 vol.

557. **Allgemeine** Encyklopedie der Wissenschaften und Kunste in alphabetischer Folge von genanten Schriftstellern, bearbeitet und herausgegeben von J. S. Ersch und J. G. Gruber. Mit Kupfern und Charten. — Zweite section H.-N. herausgegeben von A. G. Hoffmann; 14° theil (art. Japan, von Karl Fried. Neumann). Leipzig, F. A. Brockaus, 1837, 4°.

558. **Narrative** of a voyage of the ship Morrison, capt. D. Ingersoll, to Lew-Chew and Japan, in the months of July and August 1837, by Sam. Wells Williams.

Se trouve dans le Chinese repository, vol. VI. n° 5, 1837.

559. **Journal** of an expedition from Sincapore to Japan, with a visit to Loo-choo, etc., by P. Parker, M. D. London, Smith, 1838, 8°.

C'est le récit du voyage du Morrison ; V° l'art. précédent.

560. **Japan.** Eine schilderung von dem Umfage, umfage, der Lage u. s. w. dieses Reichs. Berlin (1838), 12°, avec 20 pl. col., et cart.

561. **Tijdschrift** voor Neerlands Indië. Batavia, 1839-48, 8°. 10 années.

Divers articles.

562. **Intercourse** with Japan. Notices of visits to that country by the Brothers, capt. Peter Gordon, the Eclips, and the Cyprus. 1839, 8°.

Se trouve dans le Chinese repository, vol. VII, n° 44.

563. **The Claims** of Japan and Malaysia upon Christendom exhib. in notes of voyages made in 1837 from Canton in the ship Morrison and brig Himmaleh under direction of owners, by C. W. King und C. T. Lay. New-York, 1839, 8°, 2 vol.

[A. 1839-1842] BIBLIOGRAPHIE JAPONAISE. [A. 1842-1846]

563 bis. King and Lay's missionary tour in Japan. London, Wiley, 1839, 8°, 2 vol.

564. **Carte** du continent et des iles de l'Asie, par Laurie. Nouvelle édition. Londres, 1839, f°, 4 feuilles.

565. **Siebold** (P. F. von). Fauna Japonica, sive descriptio animalium quæ in itinere per Japoniam suscepto, annis 1823-30, collegit, cons. stud. C. J. Temminck, H. Schlegel atque W. de Haan. Lugd. Bat., 1840-53, 4° maj.
Mammalia, 1 v. avec 30 planches col.
Aves, 1 v. avec 120 pl. col.
Reptilia, 1 v. avec 30 pl. noires.
Pisces, 1 v. avec 160 pl. col.
Crustacea, 1 v. avec 70 pl. noires.

566. **Siebold** (Ph. Fr. de). Aperçu historique et physique sur les reptiles du Japon (s. a.), 4°.
Bibl. de la Soc. de Batavia.

567. **Manners** and customs of the Japanese in the xixth century. — London, 1841, 8°.
Collection d'une série d'articles écrits par une dame, mistriss Busk, dans le Chinese repository, et résumant les ouvrages de Fischer, Meylan et Siebold, insérés d'abord dans cette Revue puis dans l'Asiat. journal, en 1839 et 40, et dans le Blakwood Magazine.
— Réimprimé sous ce titre : Japan and the Japanese in the xixth century, by Siebold. New-Yorck, Harper, 1842? 8°.

568. **Siebold** (P. F. von). Atlas von Land-und Seekarten, vom Japanischen Reiche und dessen Neben-und Schutzländern. 13 mehrentheils illumin. Karten. Leid., 1841, f° gr., mit text 4°.
— Dass Werk mit einer Japanischen original Karte in-4, illumin. Blattern u. s. w.

568 bis. La carte du Japon publiée séparément :
— V. Siebold, Ph. Fr. Karte vom Japanischen Reiche nach originalkarten u. astronomischen Beobachtungen der Japaner. Die Inseln Kiu-Siu, Sikok u. Nippon. Masstab 1 : 200000 ; lith. u. color. Leyden, 1841. Fol. gr.

569. **Malte-Brun.** Éd. de 1841, vol. V : Sur le Japon.

570. **Siebold** (P. F. von). Catalogus librorum Japonicorum a P. F. de S. collectorum. Lugd. Batav., 1841, 4°, cum tab. lithogr.

571. **Bibliothèque asiatique** et africaine, ou catalogue des ouvrages qui ont été publiés sur ces deux continents jusqu'à ce jour; par H. Ternaux-Compans. Paris, Arthus-Bertrand, 1841, 8°, 2 vol.

572. **Tex,** C. A. den, Over de bij het Instituut berust. Handschriften v. Titsingh en het Nederd-Japansch Woordenboek. (Uit het Instituut.) Amst., 1842, gr. 8°.
Cat. Muller.

573. **Chaudoir.** Monnaies de Chine, du Japon, etc. Saint-Pétersbourg, 1842, f°.

574. **Temminck,** C. J. , Over eenige geslachten v. zoogdieren, een deel der Fauna v. Japan uitmakende. —W. H. de Vriese, over de *cycas circinalis* voork. in den *Hortus Malabaricus*. (Uit het Instituut) Amst., 1842, gr. 8°.
Cat. Muller.

575. **Atlas** composé de mappemondes et de cartes hydrographiques et historiques depuis le xie jusqu'au xviie siècle, pour la plupart inédites et tirées de plusieurs bibliothèques de l'Europe, devant servir de preuves à l'ouvrage sur la priorité de la découverte de la côte occidentale d'Afrique au delà du cap Bojador par les Portugais et à l'histoire de la géographie du moyen-âge; recueillies et gravées sous la direction du vicomte de Santarem. Paris, 1842-49, gr. f°, de 81 feuilles.
N'a pas été continué.

576. **Berghaus** (Georg.). Grundriss der Geographie. Breslau, 1843, 8°.

576 bis. Carte von Japan und China, von H. Berghaus. Potsdam, 1843, f°.

577. **Revue de l'Orient,** Bulletin de la Société orientale. Paris, 1843 et ann. suiv., 8°.

578. **F. Dozy** et J. H. Molkenboer. Musci frondosi inediti archipelagi Indici, etc., nec non in Japonia, etc. Lugd. Bat., 1845, 4°. 3 fasc., cum tabulis.

579. **J. Hoffmann.** Catalogus librorum et mss. Japonicorum a Ph. Fr. de Siebold collectorum, annexa enumeratione illorum qui in Musæo regio Hagano servantur. Lugd. Bat., 1845, f°, 35 pp. et 16 pl. lithog., de titres.
Voir le n° 569.

580. **Manuel** du négociant français en Chine... par de Montigny. Paris, 1846, 8°.
Pour les poids et mesures, et les monnaies.

581. **Le Moniteur** des Indes orientales et occidentales, Recueil de mémoires et de notices scientifiques et industrielles, de nouvelles et de faits importants concernant les possessions néerlandaises, dirigé par Ph. Fr. de Siebold et A. Melville de Carnbée. La Haye, 1846-48, 4°, 3 v. avec cartes et plans.

582. **Letter** to the Hon. Charles J. Ingersoll, by M. Aaron H. Palmer. New-Yorck? March 1846, 8°.

583. **Bibliothecæ** Societatis artium scientiarumque quam Bataviæ floret, Catalogus systematicus, cur. P. Bleeker. Batav., 1846, 8°.

584. **Musæum britannicum.** Catalogus librorum orientalium. London, 1846, 4°.
Bibl. de la Soc. asiat.

585. **Lautz,** G. Japan in zijne staatkundige en

[A. 1847—1850] BIBLIOGRAPHIE JAPONAISE. [A. 1851—1854]

burgerlijke inrigtingen en het verkeer met Europ. natiën. Amst., 1847, 8°.

586. **Sechs** wandschirme in Gestalten der vergangl. Welt. (Six paravents représentant le passé). Japan. Roman in original text. Wien, 1847, 8°.

587. **Vincendon** Dumoulin. Carte des îles Mariannes. 1847.

<small>A cause des îles adjacentes au Japon.</small>

588. **Journal** of Indian Archipelago. Singapore, 1847 à 1855, 8°, 9 vol.

<small>Vol. IX. Ethnology of the Indo-Pacific island by J. R. Logan. Ce seul mémoire a quelque rapport avec le Japon.</small>

589. **Narrative** of the voyage of H. M. S. Samarang during the years 1843-1846; employed surveying the islands of the eastern archipelago ; accompanied by a brief vocabulary of the principal languages; by capt. sir Edw. Belcher, commander of the expedition. With notes on the natural history of the islands, by Arthur Adams, assistant surgeon. London, Reeves, 1848, 8°, 2 vol.

<small>Il s'y trouve une carte des mers au nord de la Chine et du Japon.</small>

590. **Yo-san-Fi-Rok.** L'Art d'élever les vers à soie au Japon, par Ouekaki-Mori-Kouni, annoté et publié par Mathieu Bonafous, avec 50 planches gravées d'après les dessins originaux. Ouvrage traduit du texte japonais par le docteur Hoffmann. Paris, veuve Bouchard-Huzard, et Turin, Bocca, 1848, 4°.

591. **Carte** des Lou-tchou (par l'amiral Cécile). Paris, 1848, f°.

<small>Dépôt de la marine, n° 1174.</small>

592. **Transactions** of the China branch of the Royal asiatic Society. Hong-Kong, 1848 et ann. ss., 8°.

593. **Voyage** towards the N. W. in search of a passage to Cathay, ed. by Th. Rundall. London, 1849, 8°.

<small>Fait partie des Hackluyt Society's publications (London, 1847 et ann. suiv.)</small>

— Réédité sous ce titre : Memorials of the Empire of Japan, in the xvith and xviith centuries, edited with notes, by Th. Rundall. London, 1850, 8°.

594. **Japon,** Indo-Chine, Ceylan, par Dubois de Jancigny. Paris, Didot, 1850, 8°.

<small>Fait partie de la collection l'Univers.</small>

595. **Hervey Saint-Denis.** Recherches sur l'agriculture et l'horticulture des Chinois, etc. Paris, 1850, 8°.

596. **Journal** of the American oriental Society. New-York, 1850 et 51, 8°.

<small>Vol. II (1851), n° 2. Account of a Japanese romance, by W. N. Turner.</small>

597. **Pfizmaier** (Aug.). Wörterbuch der Japanischen Sprache. Part. 1. Vienna, 1851, royal 4°, pp. 92.

<small>1re livraison, seule publiée.</small>

598. **United** State's Senate documents, 1851-52. vol. IX, n° 59. — Glynn's Letter.

599. **Pfizmaier** (Aug.).Kritische Dursicht der von Dawidow verfassten Wörtersammlung aus der sprache der Ainos. Vienna, 1851, 8°, pp. 180.

600. **Leyssohn,** J. H. Bladen over Japan. 'S. Hage, 1852, 8°, avec plan de Decima.

601. **Macfarlane.** Japan. London, 1852, 8°

602. **Times.** May 12 1852. — Instructions du commodore Aulick.

603. **Pfizmaier** (Aug.). Beitrag zur Kenntniss der ältesten Japanischen Poesie. Vienna, 1852, 8°, pp. 21.

604. **Pfizmaier** (Aug.). Uber einige Eigenschaften der Japanischen Volkspoesie. Vienna, 1852, 8°, pp. 13.

605. **Géographie** du moyen âge, étudiée par Joachim Lelewel, accompagnée d'atlas et de cartes dans chaque volume. Bruxelles, Vᵉ et J. Pilliet, 1852 et ann. suiv., 8°, 4 vol. et atlas oblong.

606. **Fraissinet.** Le Japon. Paris, Arthus-Bertrand, 1853, 12°, 2 vol.

607. **Specimen** de la traduction japonaise des Évangiles de saint Jean. Paris, 1853, 8°.

<small>Cette traduction paraît avoir été faite sous la direction du docteur Gutzlaff, qui paraît l'avoir fait imprimer à Singapore.</small>

608. **Horsburgh,** J., Zeemansgids naar, in en uit Oost-Indiën, China, Japan, Australiën, de Kaap de Goede Hoop, Braziliën en tuschenlig. havens, naar de 4ᵉ Engelsche uitgave in het Nederd. overgebragt en met vele aanteekeningen en opmerk. vermeerderd door G. Kuiper. 2ᵉ druk. Amsterdam, 1853, 4°.

609. **Noms indigènes** d'un choix de plantes du Japon et de la Chine, déterminés d'après les échantillons de l'herbier des Pays-Bas, par MM. J. Hoffmann et H. Schultes. Paris, Impr. impér., 1853, 8°.

<small>Extr. du Journ. asiat.</small>

610. **Bibliothèque** des Écrivains de la Compagnie de Jésus, etc., par Augustin et Aloïs de Backer, de la m. C. Liége, 1853 et a. s., gr. 8°, (5 vol. parus).

611. **Urkundige** Darstellung der Bestrebungen von Niederland und Russland zur Eroeffnung Japan's fur aller nationen, von F. Siebold. Bonn, 1854, 4°, carte.

— — En hollandais : Met oorkonden gestaafd vertoog van de pogingen door Nederland en

Rusland gedaan tot openstelling van Japan voor de scheepvaart en den zeehandel van alle natiën. Uit 't Hoogd. Z.-Bommel, 1854, gr. 8°.

612. **Rosny** (Léon de). Résumé des premières connaissances nécessaires pour l'étude de la langue japonaise. Paris, 1854, 4°.

613. **Japan**. Rapport aan Z. M. over de Japansche aangelegenheden, uitgebr. door Z. E. de Min. van Kol. (12 febr. 1855.) 'S Hage, 1855, 8°.
Catalogue Muller.

614. **Bley**, J. C. H., Die Politik der Niederlande in ihren Beziehungen zu Japan. Oldenburg, 1855, 8°.
— En hollandais : Bleij J. C. H. De Staatkunde van Nederland in betrekking tot Japan. Met voorberigt en enleiding door H. J. Lion. Dev., 1856, 8°.

615. **Japan** as it was and is, by Richard Hildreth. Boston, Philips, Sampson et C°, 1855, 8°.

616. **B. Taylor**. Japan and India and China in 1858. London, Low, 1855, 8°.

617. **Japanese** Botany, being a fac simile of a Japanese Book, with introductory notes and translation. J. B. Lippincott et C°. Philadelphia, 4°, s. a. (1855).

618. **Ethnology** of the Indo-Pacific Islands, by J. R. Logan. Language. The races and languages of S. E. Asia considered in relation to those of the Indo-Pacific Islands. Enquiries into the Ethnic history and relations of the Dravirian formation, embracing notices of the Fino-Japanese, Caucasian Indo-European, Semitico-African, Euskarian and American languages, etc. Singapore, 1855, 8°.
Tirage à part du Journal of the Indian archipelago. V° n° 588 ci-dessus.

619. **Monuments** de la Géographie ou Choix de mappemondes, planisphères, atlas et cartes du moyen âge, européennes et orientales, tables cosmographiques, sphères terrestres et célestes, astrolabes et autres instruments d'observation depuis les temps les plus reculés jusque vers la moitié du XVI° siècle, avant la réforme d'Ortellius, publiés en fac-simile, de la grandeur des originaux ; recueil accompagné d'explications et de recherches, et pouvant servir à éclairer l'histoire des découvertes et celle des progrès des sciences géographiques, par M. Jomard. Paris, 1855-57, 7 livr. gr. f°, planches en noir ou coloriées.
En cours de publication.

620. **Hawks**, F.-L., Narrative of the expedition of an American Squadron to the China seas and Japan, 1852-54. Published by order of the Congress. Washington, 1856....., 4°, 3 vol. Figures et cartes.
Le 4° et dernier volume n'a pas encore paru. Nous possédons cette édition en don de M. James Lenox, de New-York.

— New-York, 1856, 8°, 3 vol. Figures et cartes.
— Édition abrégée. — Perry (Comm.). The American in Japan, an abridgement of the Government narrative of the U. S. expedition to Japan. New-York, 8°, illustrated.

621. **Documents officiels** de la première expédition américaine, imprimés par ordre du Sénat des États-Unis, 33° congrès 2° session. Ex. Doc., n° 34.

622. **On the trade** of Japan, by S. Wells Williams.
Se trouve dans le N. Y. Times.
M. Wells Williams était l'interprète de l'ambassade américaine.

623. **The Japan** expedition. Japan and around the world : an account of three visits to the Japanese empire, etc., by J. W. Spalding, of the U. S. steam fregate Mississipi. London, Sampson Low; New-York, Redfield, 1856, 8°.

624. **Heine**, W., Reise um die Erde nach Japan, in Auftrage der Regierung der Vereinigten Staaten. Leipzig, 1856, 8°, 2 vol. avec 10 planches et illustrations sur bois.
— En hollandais : Heine, W. Reis om de wereld naar Japan. Rott., 1856, 8°, avec planches.

625. **C. T. Van Assendelft** de Coningh. Mijn verblijf in Japan. Amsterdam, 1856, 8°.

626. **B. Withingham**. Japan and Tartary. London, Longman, 1856, 8°.

627. **Le Japon** et le commerce européen, par Delprat.
Inséré dans la Revue des Deux Mondes, 1er octobre 1856.

628. **Histoire** et fabrication de la porcelaine chinoise. Ouvrage traduit du chinois par M. Stanislas Julien, de l'Institut; accompagné de notes et d'additions, par M. Alphonse Salvétat; et augmenté d'un Mémoire sur la porcelaine du Japon, trad. du japonais par M. le Dr J. Hoffmann, professeur à Leyde, interprète du gouvernement des Indes néerlandaises pour la langue japonaise. Paris, Mallet-Bachelier, 1856, 8°, avec figures et une carte de la Chine indiquant l'emplacement des manufactures de porcelaine anciennes et modernes.

629. **Acta** Societatis scientiarum Indo-Neerlandicæ. Batavia, 1856 et ann. s., 4°. (3 vol. parus).

630. **Tijdschrift** voor indische Taal-Land en Volkenkunde uitgegeven door het Bataviaasch genootschap van kunsten en wetenschappen. Onder redactie van P. Bleeker, J. Munnich, en J. Netscher. — Nieuwe serie, ec. Batavia, 1856, 8°.

631. **Proeve** eener Japansche spraakkunst van Mr J. H. Donker Curtius, nederlandsch commissaris in Japan; toegelicht, verbeterd en met uitgebreide bijvoegselen vermeerdert door Dr J. Hoffmann, Hoogleeraar in de japansche en

[A. 1857-1858]   BIBLIOGRAPHIE JAPONAISE.   [A. 1858-1859]

chinesche talen, japansch translateur van het gouvernement van Nederlansch Indië. — Te Leyden, bij A. W. Sythoff, 1857, gr. 8°.

632. **Dictionnaire japonais-russe**, composé par I. Gochkévith, avec le concours de Tatsiban no Koosai, Japonais. Pétersbourg, 1857, gr. 8°.
<small>Un vocabulaire russe-japonais et une grammaire par le même auteur sont en préparation.</small>

633. **Dépôt des cartes** et plans de la marine, n° 238. — Description des îles et des passages compris entre la partie nord de l'île Luçon et les îles du Japon. Résumé des documents français les plus récents, mis en ordre et publiés par M. A. Legras, capit. de frégate. Paris, Paul Dupont, 1857, 8°.
<small>Extrait des Ann. hydrographiques.</small>

634. **Aaron** Height Palmer. Documents and facts illust. the origin of the mission to Japan, author. by Gov. of the U. S. 1850. Washington, 1857, 8°?

635. **Ludhorf**. Acht monaten in Japan nach Abschluss des Vertrages von Kanagawa. Bremen, 1857, 8°.
<small>Acq. Bibl. imp., 39054.</small>

636. **Boller**. Nachweis dass das Japanische zum Ural-Altaïschen Stamme gehört. Wien., 1857, 8°.

637. **Rosny** (L. de). Mémoire sur la chronologie japonaise, précédé d'un aperçu des temps antéhistoriques. Paris, 1857, 8°.

638. **Introduction** à l'étude de la langue japonaise, par L. Léon de Rosny. Paris, 1857, 4°.

639. **Lettres** à M. Léon de Rosny sur l'archipel japonais et la Tartarie orientale, par le Père L. Furet, missionnaire apostolique au Japon, etc. Paris, Rouvier et Dentu, 1857, 8°, pp. 28 et carte.

640. **Le Japon contemporain**, par Edouard Fraissinet. Paris, Hachette, 1857, 12°.

641. **Histoire** de S. François Xavier, apôtre des Indes et du Japon, par J. M. S. Daurignac. Paris, Bray, 1857, 12°, 2 vol.

642. **Historia** de las misiones en el Japon y Paraguay escrita en ingles por su Em. el Card. Wiseman, traducida directamente del ingles al castellano por D. Casimiro Pedregal. Madrid, 1857, 12°.

643. **Tomes** (Rob.). Japan and the Japanese, a narration of the U. S. Gov. Exped. New-York, 1858, 12°.

644. **Reis** naar de eilanden ten N. en O. van Japan door Mrt. Gerr. Vries, in 1643; naar het handschrift, met bijlagen uitgegeven door P. A. Leupe; met aanteekeningen over Japan en de Aino-landen, en zeemansgids naar de Kurilen, door Jonkh. P. F. von Siebold. Amsterdam, Frederik Muller, 1858, gr. 8°, avec cartes et fac-simile.
<small>Werken van het kon. instit. voor taal-, land- en volkenkunde van nederlansch Indie. Afzonderlijke Werken.</small>
— En anglais : Geographical and ethnographical elucidations to the discoveries of Maerten Gerrits Vries, commander of the flute Castricum A. D. 1643, in the east and north of Japan; to serve as a mariner's guide in the navigation of the east coast of Japan, and to Jezo, Krafto, and the Kurils; by P. F. von Siebold. Translated from the Dutch by F. M. Cowan, interpreter to the British consulate general in Japan. With a reduced chart of Vries's observations. London, Trubner and C°, 1859, gr. 8°.

645. **Heine**. Die Expedition in die Seen von China, Japan und Ochotsk. Leipzig, 1858-59, 8°, 3 vol. fig.

646. **Personal** narrative of H. M. S. Barracouta to Japan, Kamtchatka, Siberia, Tartary and the coast of China, by J. M. Tronson. London, 1858, 8°.
— Le même ouvrage : Voyage to Japon, Kamtschatka, Siberia, Tartary, and the coast of China, in H. M. S. " Barracouta " by J. M. Tronson, R. N. London, Smith, Elder and C°, 1859, 8°. With charts and views.

647. **Dijk**, L. C. D. v., Zes jaren uit het leven van Wimmer v. Berchem, gevolgd door iets ov. onze vroegste betr. m. Japan; twee geschiedk. bijdr. Amst., 1858, 8°.

648. **Reconnaissance** hydrographique de la côte de Corée et d'une partie de la Tartarie chinoise, par M. Mouchez, lieutenant de vaisseau. Dépôt de la Marine, 1854, f°.

648 bis. **Plan** du golfe d'Anville (côte de Tartarie), par le même auteur. Dépôt de la Marine, 1854, f°.

649. **Charencey** (H. de). De la Parenté de la langue japonaise avec les idiômes tartare et américains. Paris, 1858, 8°.
<small>Extrait des Annales de Phil. chrétienne.</small>

650. **Le P. Furet**. Manuel de philosophie japonaise, traduit pour la première fois en français, publié avec des notes par A. Bonnetty, et un appendice par L. de Rosny. Paris, 1858, 8°.
<small>Extr. des Annales de phil. chrét.</small>

651. **The China** telegraph, published bimonthly on the arrival of the mails from China, Japan, Siam, Java, Singapore, and all parts east of India. Vol. I, n° 1, nov. 30, 1858, f°.
<small>A cette publication très-essentielle, nous devons ajouter des journaux déjà anciens, le China Mail et le North-China Herald, dont les collections renferment des documents nombreux.</small>

652. **Exposition universelle** de 1855. Travaux de la commission française. Force productive des nations, par M. le baron Charles Dupin : Orient et Océanie.— Imp. imp., 1858, 8°.
<small>Cent pages sont consacrées au Japon.</small>

653. **A Cruise** in Japanese waters by capt. Sherard Osborn, C. B. Edimburgh and London, W. Blackwood and son, 1859, 8°.
<small>Publié d'abord dans le Blackw. Magazine.</small>

654. **Andrew Steinmetz**. Japan and her people. With. num. illustr. London, Routledge. 1859, 8°.

BIBLIOGRAPHIE JAPONAISE.

655. **Cartes** et plans de la marine. — Renseignements hydrographiques sur les îles Formose et Lou-Tchou, la Corée, la mer du Japon, les îles du Japon (ports d'Hakodadi, Nangasaki, Simoda et Yedo, et mer d'Okhotsk); publiés par M. A. Legras, capit. de frégate. Paris, P. Dupont, 1859, 8°.

656. **Reconnaissance** de la baie Younghin (côte or. de Corée), dressée par ordre de M. le contre-am. Guérin, par M. Montaru, enseigne de vaisseau. — Cartes et plans de la marine, 1859. 1/4 aigle.

657. **Plan** de la baie de Barracouta (Manche de Tartarie), dressée par les ordres de M. le contre-am. Guérin, par M. Montaru, enseigne de vaisseau. — Cartes et plans de la marine, 1859. 1/2 aigle.

658. **Le Japon** et ses derniers traités avec les puissances européennes, par Léon Pagès.

Inséré dans le *Correspondant*, 25 janvier 1859.

Nota. Le ministère français de la marine et l'amirauté anglaise ont publié différentes cartes relatives au Japon, qu'il est essentiel de consulter.

Il existe à la Bibliothèque impériale quelques cartes intéressantes provenant de la bibl. Klaproth.

Dans un grand nombre de revues et journaux étrangers il se trouve des documents plus ou moins importants sur le Japon; nous ne pouvons qu'indiquer un petit nombre de ces sources: le Quarterly Review, le Westminster Review, l'Edinburgh Review, le Blackwood Magazine (pour lequel il existe une table des 50 prem. vol.), l'Athenæum anglais, le North American Review, le Wien Jahrbucher, le Zeitschrift für algem. Erdkunde, le Zeitschrift der deutschen morgenland. Gesellschaft, le Petermann-Mittheilungen aus Just. Perthes geog. Anstalt, les collections hollandaises, russes, etc.

ADDENDA :

Après le n° 7. — **Antonio Galvam**. Tratado que compos o nobre e notavel capitão Antonio Galvão, dos diversos e desvayrados caminhos, por onde nos tempos passados a pimenta e especiaria veyo da India a nossas partes, e assi de todos os descobrimientos antigos e modernos que são feitos em a era de MDL. etc. (édité par Fr. de Saa Tavares). Lisboa, Barreira, 1563, f°.

Bibl. nac. de Lisb., et bibl. de Mello Barreira.— Bibl. imp., plus. exempl. — Fig. 899.

— Réimprimé sous ce titre : Tratado dos descobrimentos, etc. Lisboa occidental, Ferreira, 1731, f°.

— Traduit en anglais par Hackluyt. Londini, 1601, 4°.

Bibl. imp., 4°. O. 1131.

— Se trouve aussi dans le Supplém. à Hackluyt. London, 1811.

Au n° 21. — En anglais : Mendoza (J. Gonzales de) The history of the great and mighty kingdom of China and the situation thereof. Reprint of the early transl. of B. Parke, edit. by G. T. Staunton, with an introd. of R. H. Major. London. Printed for the Hackluyt Society, 1853, f°.

Après le n° 336. — **Della Vita** di S. Francesco Saverio della C. di G. apostolo dell' Indie descritta dal P. Gius. Massei della m. C. libri III. In Roma, 1681, Ign. de' Lazzari, 4°, pp. 351. Roma, Ign. de' Lazzari, 1682, 4°.

— Milano, Glus. Marelli, 1762, 8°.

Au n° 448. — Par le P. Phil. Maria Salvatori.

Doctrina christiana fata a modo de dialogi fra il discepolo e maestro in lingua Giaponese. — Cursif, 4°, 80 f°, avec une image de N. S. et la légende : « *Ego sum via, et veritas et vita.* »

Bibl. Barberini.

Raymundo Cinthio Ligipo. Vita de S. Francisco Xavier en Estróphas Sicilianas. 1558 ? 8°.

Pinelo, 153.

Fr. Vicente de S. Antonio. — Historia de la descalcez de S. Augustino.

Pinelo, 757, ne donne pas l'année.

Fray Francisco de Gracia. Vita del P. Fr. Thomas de S. Augustin. S. l. ni d.

Erndelius, C. H., de Flora Japonica, epistola. Dresdae (1716 ?) 4°, pp. 14.

Cat. Muller.

Quetif et Échard. Scriptores ordinis Prædicatorum. Lut.-Par., 1719-21, f°, 2 vol.

Agnès, martyre japonaise, tragédie en italien. Roma? (vers 1780), 4°.

Map on the islands of Japan, Kurile, etc. — London, J° Wyld. 1840. 4 feuilles grand monde.

Japanese spelling. A table. 8°.

Cat. Trübner.

Note on Japanese syllabaries, by Samuel Wells Williams.

Journ. of Amer. Or. Soc. Vol. II, pp. 55-60.

Afbeelding van Nagasaki en het eiland Decima, in vogelvlugt gezien, over de geheele baai en de rondomliggende bergen. Uitmuntend en duidelijk op Japansche zijde in kleuren geteeckend.

Cat. Muller.

DOCUMENTS MANUSCRITS

Nous donnons seulement ici l'indication des pièces manuscrites énoncées par nos auteurs d'une manière à peu près certaine ou vérifiées par nous-même. Nous n'avons pu visiter les grands dépôts de Lisbonne, de Madrid, de Londres et de Saint-Pétersbourg.

Il doit exister des manuscrits nombreux dans les archives du royaume des Pays-Bas, et dans celles des directeurs du commerce néerlandais au Japon; au British Museum, à l'East-India House, etc., etc.

Nous ignorons si les archives des maisons religieuses de Portugal et d'Espagne n'ont pas été dispersées : elles contenaient des trésors immenses.

P. Belchior Nunez. Barreto († en 1571). — Plusieurs lettres manuscrites conservées autrefois dans les maisons professes de Lisbonne et de Saint Roch.

— Le même Père emporta du Japon, en 1557, pour les supérieurs de Rome, un livre des erreurs et sectes japonaises.

De Backer, II.

Alphabetum japonicum et exemplare. — Cette pièce, qui se trouve à la Bibliot. de la Minerve, porte sur la 1re feuille : Domûs professæ Romanæ Soc. Jesu; et sur la dernière : Alexander Reggius à Valle Societ. Jesu. 33 feuillets f° piccolo.

Le P. Alexandre Vallareggio, né en Lombardie en 1530, missionnaire en Afrique, aux Indes, au Japon (de 1568 à 1570), mort glorieusement à Ceuta.

Minerve. (Ms g. t. 8).

Sylva (Duarte da). Arte da lingua japoneza. Ms. Vocabulario da lingua japoneza. Ms.

Cités par les auteurs. Probablement consumés dans un incendie.

P. Mexia (Lourenço) († après 1593). Carta escrita de Meaco ao Reytor del collegio do Coimbra em 6 do Janeiro de 1584. Ms.

Machado, III, 31.

P. Gasp. Coelho. Lettres des 11 janvier 1584 et 24 janvier 1585, au gouverneur des Philippines et à l'évêque, pour demander des religieux de différents ordres.

Vr Aduarte, c. 58, f. 260, qui dit : « Cujo traslado se autoriçado en Manila per Ant. de Espinosa. »

Relacion sumaria, i verdadera de una embajada, que el santo Fr. Pedro Baptista, descalço de san Francisco, de la provincia de San Joseph, hiço al emperador Taycosama; i del martyrio que recibio, con otros cinco Frades Descalços, i 20 Japones christianos, sus allegados, en Nangasaqui, año de 1597 á 5 de Febrero, recopilada de las informaciones autenticas, que se embiaron de Filipinas, a España, dedicada al rei don Felipe III en 16 capitulos. — Ms 4° en castellano, en la libraria del marques de Villena.

Pinelo, 193.

Estevam (le P. Gaspar), religieux de la province de Goa, de la C. de J. — Relação do martyrio que deu Taycosama emperador de Japão a seis religiosos de S. Francisco, tres Irmãos da Companhia, e a 17 Japonezes. — Ms. conservé à la maison professe de Goa.

Barbosa Machado, III, 519.

Copia collationata interpretationis Processûs remissorialis de partibus in causâ canonizationis 26 martyrum, videlicet patris fratris Petri Baptistæ, Commissarii Ordinis Discalceatorum sancti Francisci de Observantia cum V suis sociis, fratribus ejusdem ordinis, nec non xx laycis Japponensibus christianis. — In novâ Hispaniâ ac civitate Mexici fabricati (novembre et décembre 1620), f°, feuillets 105 (Ms. au Gesù).

Copia collationata interpretationis Processûs remissorialis de partibus in causâ Japponen. canonizationis 26 martyrum, videlicet patris fratris Petri Baptistæ Commissarii Ordinis Discalceatorum sancti Francisci Minorum de Observantiâ cum V suis sociis, fratribus ejusdem ordinis, nec non aliis xx laycis Japonen. Xristianis. In novâ Hispaniâ in civitate Oppidangeli, vulgo *Puebla de los Angeles* regni Mexici fabricati (fév. 1621), f°, feuillets 122. Ms. au Gesù.

L'exemplaire du Gesù n'a que 117 feuillets entiers; il y a trace de 5 feuillets déchirés.

Ce procès contient la première enquête faite à Macao en 1597.

BIBLIOGRAPHIE JAPONAISE.

Copia collationata interpretationis Processûs compulsorii fabricati in civitate Macan in regno Chinæ de anno 1597 pro informatione super verificatione martyrii 26 martyrum Japponi : compulsati coram R. Episcopo Tiascalensi et D. Scholastico ejusdem civitatis, judicibus remissorialibus et compulsorialibus.

<small>Inséré au procès de Tlascala. Ms. au Gesù.</small>

Copia collationata interpretationis Processûs remissorialis in causâ Japponen. canonizationis 26 martyrum, videlicet patris fratris Petri Baptistæ Commissarii Ordinis Discalceatorum S. Francisci Minorum de Observantiâ, cum v suis sociis fratribus ejusdem ordinis nec non aliis xx laïcis Jappon. christianis in regno Japponico fabricati (sept. et oct. 1622), f°, feuillets 122. Ms. au Gesù.

Bolivvercio, grava une planche du martyre des saints Paul, Jean et Jacques, et y ajouta la mention de leur mort glorieuse et de leur béatification, sous ce titre : *Primitiæ martyrum Societatis Jesu*, et il la dédia aux frères coadjuteurs; mais le général fit reprendre et détruire les exemplaires, ces martyrs n'ayant pas été membres effectifs de la Compagnie de Jésus, ainsi qu'ils étaient représentés.

<small>V^r Bollandus, Actes des Saints de février, t. III, au 5 dudit mois. On y trouve toute l'inscription en latin.</small>

P. Pimenta (Emmanuel) († en 1603). Japoneidos poema in x libros distributum. Probabl. Ms.

<small>De Backer, IV.</small>

De Mello (Nicolas), augustin. — Descriptio martyrii P. Nicolai a S. Augustino, qui in civitate Astracan in Moscoviâ, die 30 novembris anno 1611, in suâ præsentiâ pro fide catholicâ decollatus est.

<small>Ossinger, 379.</small>

La Relation originale des martyrs de 1614, écrite de la main du P. Spinola, par commission du P. vice-provincial, se trouve au Gesù.
— Il se trouve également au Gesù : Borron del traslado de la relacion de los martires de Japon, de Portugues en Castellano.

Fr. Hernando de Bezerra, augustin (1617). Relacion del martyrio de Fray Pedro de Zuñiga. Ms.

<small>V^r Sicardo, 404.
Se trouvait à la bibliothèque des Aug. de Séville. — Ossinger.</small>

P. Vieyra (Francisco), S. J. Relação do Martyrio do V. P. João Bautista Machado (1617). Ms. conservé au collége de Coimbre.

<small>De Backer, IV.</small>

Fr. Juan Pobre, descalço de S. Francisco, écrivit un traité : De Promulg. fidei in regno Japponiæ.

<small>Sbaraglia.</small>

Copiosa y devotissima carta escrita al señor arçobispo de Manila, por don fray Miguel Garcia Serrano (concernant le P. de Zuñiga, mart. en 1622).

<small>Seulement indiquée par Garcia Garces, f° 3, 1°.</small>

F. Didacus Gugliadus, apud Fontanam ad ann. 1622, p. 600, citatur, ceu qui scripserit : Continuatio historiæ ecclesiast. christianæ religionis apud Japones, quam proindè Romæ in archivo magistri ordinis saltem ms. viderit.

<small>Echard, 428, b.</small>

P. Fr. Antonius de la Llave. Chronica provinciæ strictioris observantiæ S. Gregorii, et Insularum Philippinensium ab anno 1522 ad usque 1623, f°, Ms (conservée autrefois au couvent de S. Gil de Madrid).
— La Partie 2e, f°, était conservée à Manille au couvent de S. François et, en double, au noviciat de la C. de J. à Madrid, n° 86 des Ms. hist.

Constanzo (le P. Camillo) a composé une apologie de la foi chrétienne contre les calomnies des gentils, en japonais.

<small>D'après les annuelles.</small>

Rekening (Sommiere) Soo de negotie in Oost indien staet anno 1622. In HS. 6 feuillets f°.

<small>Cat. Muller.</small>

Pacheco (Jacome Borges Pereira), Fidalgo da casa de sua Magestade, etc., compoz : Vida do Padre Francisco Pacheco, martyr in Japão, seu parente (1626). Ms. conservado en poder do author.

<small>Machado, IV, 104.</small>

P. João Rodriguez Giram, Soc. J. Carta escrita de Amacao, a 24 de março de 1627, ao Padre Geral, onde relata a morte do Padre Francisco Pacheco, provincial da provincia do Japão, governador daquelle bispado, e outros, que morrerão pela fé de Christo. Ms.

<small>Sotwell, Barb. Machado, etc.</small>

Le P. F. Domingo de Luna continua jusqu'en 1628 l'histoire commencée par le P. Orfanel, et poursuivie par le P. Collado. Ce travail est resté Ms. — Le P. F. Dom. de Luna écrivit aussi en flamand la Vie du P. Orfanel.

P. Fernandez (Bento), S. J. Tratado dos gloriosos martyres, que por defensa da Fe de Christo nosso Senhor derão suas vidas em Japão no reino de Figen anno de 1622. Ms. sur papier de Chine qui se trouvait au collége d'Evora.

<small>De Backer, II.</small>

P. Dominicus de Erquicia. Relationes plures de statu missionis Japonicæ.

<small>Echard, p. 476. a.</small>

Antonius a S. Maria, du diocèse de Palencia, déchaussé de la prov. de S. Paul et du couvent du Calvaire de Salamanque († en 1670).—Historia Ms. venerabilis Fr. Gabrielis a Magdalena, aliorumque septem minorum discalceatorum

— 61 —

martyrum Japonensium. — Un exemplaire fut envoyé à la Propagande, et un autre en Espagne. Le P. Martin de S. Joseph s'en est servi pour sa chronique espagnole et l'a donnée traduite en espagnol (partie II, liv. IV).
Sbaraglia.

Richard de Sainte-Anne (le P. Fr.), Belge, né à Nivelle, récollet dans la même ville, puis déchaussé de S. Joseph, enfin religieux de la province de S. Grégoire des Philippines. — Diverses lettres Ms. conservées au couvent de Nivelle.

P. Guill. Courtet († en 1637). Plures ad magistrum ordinis F. Nicolaum Ridolfi, Romam, epistolæ, in archivio ordinis servatæ.
Echard, II, 49.

Historia general de la provincia del santo Rosario de la orden de santo Domingo en las islas de Filippinas por el P. F. Francisco Carrero, religioso de la misma orden, etc. (Faits de 1582 à 1638.) — Conservée M^{sc} à Anvers.
Echard, p. 444.

PP. Diego de Morales y Antonio Rubin (que el año de 1642 padecieron por la Fé). Respuesta á las calumnias, que se lmponen á los PP. de la Compañia de Jesu. — Está original, firmado de ambos, en el archivo del Colegio de la Comp. de Jesus de Roma.
Pinelo, p. 429.

Relation de l'estat où se trouvent les missions de la Compagnie de Jésus à la Chine, au Tunkin, au Japon et à la Cochinchine en 1677.
Ms. du P. Tissanier qui se trouvait à la biblioth. publ. de Lyon. V^{r} le recueil décrit par Dolendine.

Fr. Andreas Bravo de Laguna, Minorita hispanus. (En espagnol.) Monarquía spiritual y temporal del reyno de Japon. S. d.
Nic. Antonio, t. I, p. 66.

Asia extrema, dedicada a el Rey Dom Joam IV no anno de 1644. Ms du P. Ant. de Gouvea, de la C. de J. († en Chine en 1677).
Ce Ms. contenant l'histoire des travaux de la Compagnie dans l'Asie orientale se trouvait, d'après Sotwel, dans la bibliothèque de D. Joseph Freyre Monterrojo Mascareñas.

De Agantaru ou Argentaru (Rodericus Moriz), excalceatus O. S. Aug. (XVII sec.). Conversion de las Filippinas, y Japon de los Augustinos descalços : y obediencia que en nombre de aquella christiandad dio a la Santa Sede, gobernandola Urbano VII. — Hoc Ms. servatur in Bibl. Barberini.
Ossinger, p. 73.

P. Franco (Antonio), S. J. Historia sive imago virtutis trium novitiatuum Lusitanæ provinciæ.
Est demeuré Ms. dans les archives du collège d'Evora.

— Le même Père a composé l'Imago primi seculi Soc. Jesu, en 2 tomes comprenant, le 1er, 40, et le 2e, 60 années; — et l'Imago secundi seculi, dont le 1er vol. terminé, comprenait 50 années, et le 2e, était encore imparfait de 16 années en 1725.

D'après le catalogue existant au coll. de Vaugirard.

Histoire de l'Église et des martyrs du Japon, par le P. Jean de Bussières, de la C. de J. f^{o}, 2 v. Ms. — le premier de 372 pp. et le second de 644. — Était conservé à la bibl. de Lyon.
De Backer, t. I.

Manuscrits du P. Gaubil, recueillis par le Père Brotier, acquis par Langlès, et vendus en 1825. — Chine et pays circonvoisins : N° 26. Sur la situation du Japon et de la Corée, etc. — N° 33. Apologia e reposta a hum tratado feito pello P. F. Sebast. de S. Pedro, da ordem de S. Francisco, que se intitula Recopilação das causas porque o emperador de Japão desterrou de seus reynos todos os padres. 4° de 203 pp. — N° 35. Lettres et pièces du XVIIe siècle, relatives aux missions de la Chine et du Japon; la plupart originales, parmi lesquelles des lettres des PP. Trigault, etc., le tout réuni en 1 vol. 4° de 203 pp. sur papier de Chine. — N° 37. Lettres et pièces des PP. jésuites espagnols et italiens, la plupart du XVIIe siècle, et relatives tant à l'ordre qu'aux missions orientales. Plusieurs de ces lettres sont autographes, f°.

Navarrete (Martin Fernandez de). Examen de la Relacion de Lorenzo Ferrer Maldonado sobre el descubrimiento del Estrecho de Anian, y noticia de las principales expediciones hechas en busca de aquel paso de comunicacion entre el Océano Atlantico y el mar del Sur. Ms. 4° p°, probablement autogr. de M. Navarrete.

Ancien catal. Salvá. — Doit se trouver en la bibliothèque de M. Salvá fils, à Valence.

Correspondance de Titsingh au Japon pendant son ambassade. F°, Ms. années 1790 à 1797.
Vente Klaproth.

Rekening met den Heer Fatsinosin (op Decima, van H. Doeff.) 1829, 4°. in HS.
Cat. Muller.

Catalogus scriptorum Societatis Jesu provinciæ Lusitanæ qui in bibliothecâ generali desiderantur et qui sunt adjiciendi, ab anno 1675 ad annum 1725 (pp. 215 et 73, conten. 106 et 29 auteurs).

Une copie manuscrite se trouve au collège de Vaugirard.
Il s'y trouve aussi un supplément du catalogue d'Aragon.

TABLE ANALYTIQUE

A.

Aa (van der), 571.
Abelinus, 391.
Abelly, 56.
Academia real, 385, 397.
Académie de Bavière, 554 *ter*.
Accademia japonica, 125.
Accolto, 273.
Accouchements, 504, 527. V' Obstétrique.
Acosta (Emm.), 11.
Acosta (Joseph), 41 et *bis*.
Acosta (Nicolas), 254.
Acta martyrum, 79.
Acta audientiæ, 180, 181.
Acta Soc. Sc. Indo Neerl., 629.
Actes des Saints, 69.
Actes du consistoire, 23, 28.
Acupuncture, 345, 431, 472, 505, 513, 518.
Adams (Arthur), 589.
Adams (W.), 129, 308, 409.
Aduarte, 224, 269.
Advertissement, 34, 55.
Advis du Japon, 16, 18, 19, 32, 91.
Agastura, Ms.
Agiologio Dominico, 415.
Agiologio lusitano, 284 et *bis*.
Agnès, Ad.
Agostinho de S. Maria, 368.
Agriculture, 595.
Agustin de Madrid, 379.
Ainos, 504, 509, 644.
Alberti, 281.
Albi, 279.
Alceste (ship), 473.
Alegambe, 295, 334.
Alonso de Valsalobre, 148.
Alphabetum, Ms.
Alphabetum augustinianum, 272.
Altuna, 248.
Alvarez, 7, 47.
Amati, 131.
Ambassade, ambassadeurs, 22, 23, 25, 26, 28, 29, 30, 129, 131, 490, 585.
Ambassades mémorables, 314, 315.
Amherst (lord), ship, 539 et *bis*.
Amœnitates exoticæ, 375.
Américains, 489, 535, 582, et passim jusqu'à la fin.
Anatomio de la anat., 242.
Andrade (Alph. de), 262, 276, 287, 312.
Andrade (Fr. de), 126.
Andreas à S. Nicolao, 298, 585.
Andries, 202.
Angelis (Girol. de), 173.
Anglais, 129, 359, 366, 368, 390, 391, 399, 409, 430, 444, 445, 453, 455, 470, 471, 473, 477, 490, 555 et passim jusqu'à la fin.
Anian (détr. d'), Ms.
Ann (brig), 535.
Annales indiques, 39.
Annales du Japon, 545.
Annales de la Prop. de la Foi, 490.
Annales des voyages, 459 et *bis*.
Année dominicaine, 333.
Annuelles (Lettres) en différentes langues. Passim jusqu'au n° 258.
Annuaire des deux mondes, 521.
Annus gloriosus, 582.
Anonyme espagnol, 266.
Antoine de S. Bonaventure, 392.
Antonio de S. Maria, 327, Ms.
Antonio (Juan de S.), V' Juan.
Antonio (Juan-Francisco de S.), V' Juan.

Anville (D'), 464 et *bis*.
Apollinario da Conceição, 405.
Apologio, 159, Ms.
Apostolo de las Indias, 299, 341, 352.
Apotheosis, 151.
Aquaviva (Claudio), 42.
Aquaviva (Rodolfo), 287.
Arcebispos de Goa, 385.
Archipel nord, 425.
Archiv für Asiat. litter., 461.
Archives géographiques, 466.
Archives des voyages, 129.
Argenture, Ms.
Arion (ship), 396.
Arnault de la Boirie, 11 *bis*.
Arnold, 320.
Arrat Tsicougo, 512.
Arrivo delli Signori, 34.
Arrowsmith, 465.
Ars grammaticæ jap. ling., 220. V' Grammaire.
Arte (de la langue jap.), 96, 257, 405, Ms. V' Grammaire.
Arthus, 41 *bis*, 111.
Arturus à Monasterio, 290.
Asia, 96, 287, 292, 386.
Asia polyglotta, 472.
Asia portugueza, 311.
Asiatic journal, 409, 567.
Asiæ extrema, Ms.
Assendelft, 625.
Astley, 409.
Astronomie, 248.
Atienza, 50.
Atlas, 460, 550, 568, 575, 605, V' Cartes.
Atlas japanensis, 314.
Atlas sinensis, 291.
Atozaraza, 256.
Auger, 11.
Augustin (Gasp. S.), 362.
Augustin (Thomas de S.), 249.
Augustins, 145, 146, 179, 216, 234, 240 et *bis*, 249, 272, 288, 295, 297, 305, 327, 360, 362, 384, 423, Ms.
Aulick, 662.
Avanzo, 21.
Avezac (D'), 459 *bis*.
Avila (Juan de), 337.
Avila (Pedro de), 326, 353.
Avisi, Avvisi, Avizos, 5, 6, 26, 52, 34, 215.

B

Backer (de), 610.
Baeça, 177.
Baldæus, 319.
Baldainus, 213.
Baldelli, 1.
Balinghem, 163.
Baltazar de S' Cruz, 260.
Baptista (Pedro), V' Pedro.
Baretti, 79.
Baroni, V' Ricasoli.
Baronius, 31.
Barracouta (ship), 646.
Barrodas, 282.
Barreto (Franc.), 261.
Barreto. V' Nuñez.
Barros, 3.
Bartoli, 287.
Bartolini, 53.
Batavia (Bibl. de), 583.
Beantwoording, 504, 529.
Béatification, 68, 194, 205, 206.

Beechey, 528.
Belcher, 585, 589.
Belchior Bugendono, 197.
Belgrave Hoppner, 450.
Benclus, 24.
Benedetto di Virgilio, 280.
Benedictus XIV, 68.
Beniowsky, 448, 535.
Berghaus (G.), 570.
Berghaus (H.), 556, 576 *bis*.
Bettelheim, 635.
Beitencourt, 50, 53.
Bezerra, 146, Ms.
Bibliotheca Augustiniana, 423.
Bibliotheca Franciscana, 393 et *bis*. V' 457.
Bibliotheca hispana, 459.
Bibliotheca japonica, 546.
Bibliotheca oriental, 462.
Biblioteca script. S. J., 534, 610.
Bibliothèque asiat. et afr., 571.
Bibliothèque de Batavia, 583.
Bibliothèque du Musée britannique, 584.
Biczanowski, 306.
Billecoq, 442.
Billings, 453.
Binet, 162.
Biographie universelle, 462.
Bior, 472.
Bispos de Japão, 385.
Blackwood Magazine, 567, 633.
Bladen over Japan, 606.
Blaeu, 291.
Blecker, 481, 630.
Bley, 614.
Blossom (ship), 528.
Boaventura (D² Maria de S'), 351.
Boeye (de), 245.
Bogaert, 396.
Bogota, 547.
Boirie (de la), 11 *bis*.
Boju, 127, V' Voxu.
Bolivercio, Ms.
Bollandus, 69, 82 *bis*, 238.
Boller, 636.
Bonañou, 596.
Bonelli, 178, 223.
Bonin (îles), 470.
Bonneuy, 650.
Bonucci, 358.
Botanique, 353, 375, 435, 555 et *bis*, 578, 609, 617. V' Flora.
Boubours, 340.
Bragança (D. Theot. de), 10, 72.
Bravo de Laguna, Ms.
Brefs, 194.
Breton, 475, 476.
Bridgman, 553.
Brothers (the), ship, 502.
Brother, Ms.
Broughton, 455.
Brouwer, 271.
Bruger, 535.
Bry (de), 41 *bis*, 69, 70.
Busche, 414.
Bugendono. V' Belchior.
Buirette, 195.
Bullarium Franciscanum, 416.
Bullarium Ord. Præd., 398.
Bulletin de la Soc. de Géog., 489.
Burger, 431.
Buriel, 427.
Buruey, 481.
Busæus. V' Buys.
Busk (Misiriss), 535, 567.
Busonus, 199.

— 63 —

BIBLIOGRAPHIE JAPONAISE.

Bussières (de), 318, Ms.
Buxeda de Leyva, 28, 43, 44.
Buys, 53.

C

Cabral, 14, 16, 20.
Cacegas, 170.
Cafaro, 245.
Californie, 365.
Camboge, 89.
Campbell, 471, 472.
Campen, 257, 374.
Canaya, 110.
Candidius, 209, 374.
Canonisation, 68, 326, 353, 398, Ms.
Capece, 285.
Capitulos (alguns), 38.
Caractères chinos, 504, 514.
Cardim, 253, 275, 276.
Cardoso, 284.
Carneiro, Carnero, 14.
Caron, 277 et *bis*, 304, 323 et *ter*, 374, 378.
Carrero, 183, 188, Ms.
Carrion, 20.
Cartas, 4, 7, 8, 10, 12, 44, 48, 60, 72.
Cartes géog. (V' Atlas, Mappemondes), 275, 291, 323 *bis*, 365, 410, 414, 465, 489, 495, 496, 498, 504, 535, 564, 568, 576 *bis*, 587, 589, 600, 605, 633, 648, 656, 657. Ad.
Carvalho (Diogo de), 133.
Carvalho (Mig. de), 178.
Carvalho, Carvaglio (Valent. de), 91.
Cassaiol, 401.
Cassul, 218.
Castanheda, 2.
Castel, 404 et *bis*.
Castero, 453.
Castricoom, 271, 644.
Casuum conscientiæ (Manuale), 100 *bis*.
Catalogue des Martyrs, 167, 259, 275, 276.
Catalogue de la bibl. de Batavia, 583.
Catalogue de livres, 494, 570, 579.
Catalogue du Musée brit., 584.
Catalogus script. S. J., Ms.
Catechis, 336.
Catéchisme, 51, 58, 257.
Catharina (Lucas a S"), 170.
Cécile (Amiral), 591.
Cérémonies, 472, 480.
Cerqueira, Cerquiera, Cerquera, Cerguera, 69, 100 et *bis*, 107, 185, 180.
Cespedes (Greg. de), 20.
Cespedes (Jérôme de), 65.
Cétacées, 456.
Cevicos, 171, 232.
Charencey, 669.
Charlevoix, 377.
Charpentier, 309.
Chaudoir, 573.
Chifflet, 255.
China Mail, 651.
China (North) Herald, 651.
China Telegraph, 651.
Chine, 21, 81 *bis*, 86, 87, 126, 257, 365, 393, 451.
Chinese repository, 535.
Chinois, 81 *bis*, 305, 424, 535.
Chirino, 98, 303.
Chrétiens au Japon, 490.
Christelibs, 328.
Christiandad del Japon, 360.
Christophe, 52.
Chronologia chin. et jap., 504, 543, 657.
Churchill, 369, 399.
Cuami, 273.
Claims of Japan, 503.
Claustro dominicano, 397.
Claustro franciscano, 408.
Claver, 249.
Clemente, 352.
Clifford, 477.
Cochinchine, 86, 286, 364.

Cocks, 129, 469.
Coelho, Coelhus, Coelli, Coelio, 22, 46, 49, Ms.
Cogin, 126.
Coimbra, 381.
Colaço, 89.
Colin, 98, 303.
Colisoo, 220, 221, 222, 227, 228.
Collection japonaise, 504.
Colnet, 445.
Commerce, 267, 303, 306, 368, 374, 431, 463, 470, 490, 491, 539, 544, 586, 583, 611, 622, 627, 692.
Compagnie de Jésus, Passim.
Compagnie française, 306, 307, 308, 309.
Compagnie hollandaise, 374.
Conart, 258 *bis*.
Confitendi modus, 222.
Confrérie, 149 *bis*.
Congrégation des Rites, 326, 353.
Conquistas na India, 412.
Consistoire, 23, 24, 25, 26, 50, 160 et *bis*.
Constantin (de), 374.
Constanzo, 156, Ms.
Constitutiones apost., 533.
Contemptus mundi, 59.
Cook, 456.
Cooper, 535.
Cordara, 413.
Corée, 316, 520, 565, 578, 469, 455, 473, 477, 479, 499, 532, 535, 539 *bis*, 648, 655, 656, Ms.
Coréen (Syllabaire), 535.
Coréen (Vocabulaire), 513, 535, 551.
Coréenne (Langue), 535.
Coréens (Livres), 504, 515.
Correa, 269.
Couros, 108.
Courtet, 256, Ms.
Couto, 90.
Cowan, 644.
Coxe, 433.
Coyssard, 52, 140, 141.
Crasset, 331.
Crespo, 185.
Crucius. V' Cruyce.
Cruyce (Van den), 178, 182.
Cruz (Vicente de la), 256.
Cruz (Balt. de S"), 260.
Cruz (Joseph de S"), 321.
Cuivre (Mines de), 431.
Curiosités, 489.
Cutillas, 56 *bis* et *ter*.
Cycles, 547.
Cyprus (ship), 562.

D

Daïri, 189, 504, 542.
Damião, 107.
Dampton, 1.
Danischen mission, 402.
Darde, 153 *bis*.
Daurignac, 641.
Davidoff, 599.
Davis, 556.
Daza, 126.
Decima, 600, Ad.
Def, 473.
Descobrimentos, Ad.
Dialogos, 79.
Diaz, 50.
Dictionnaires, 54, 221, 458, 485, 504, 597, 632. V' Vocabulaire, Wörterbuch.
Dickinson, 535.
Diego de S. Francisco, 139, 168, 181.
Diego de S. Juan Evang., 240.
Disprezzo del mundo, 59.
Djogoun, 480.
Doctrine chr., 168, Ad.
Documents, 621.
Doeff, 459 *bis*, 483, 537, Ms.
Dohm, 399 et *bis*.
Dolphin (brig), 535.
Dominicains, 139 *bis*, 144, 145, 165, 168,

170, 183, 184, 188, 192, 210 et *bis* et *ter*, 227, 251, 329, 385, 397, 398, 405, 416.
Domingos do Espirito Sancto, 216.
Douratus, 37.
Doxy, 598.
Drozbicky, 300.
Dryden, 340.
Dubia japonica, 338.
Dubois (J. P. J.), 416.
Dubois de Jancigny, 593.
Dumas, 421.
Dupin, 652.
Dijk, 647.

E

Eclips (ship), 471, 562.
Écriture jap., 426.
Effigies, 112.
Electro-puncture, 500.
Ellis, 559 *ter*.
Elistus, 288.
Elogios, 275.
Elsdracht, 263.
Empereurs (Liste des), 431.
Enbajadores, 28, 44, 263.
Encomiasticon Augustin., 288.
Encyclop. (Allgemeine), 537.
Encyclop. Jap., 511.
Eneade panegyr., 281.
Engel (C'), 426.
Entrée publique, 129.
Epitome, 509.
Epitome ling. Jap., 431.
Erudelius, Ad.
Erquicia, Ms.
Escalante, 13.
Eso, 271. V' Yesso.
Esquivel, 212.
Estevam, Ms.
Ethnologie, 588, 618, 636.
Evangile, 607.
Evora, 78, 376.
Excellence du martyre, 73.
Exercices de S. Ignace, 57.
Eyriès, 455, 459 *bis*, 460, 474.

F

Faivre, 56 *ter*.
Fara, 37.
Faria y Sousa, 311.
Fasciculus è jap. fl., 275.
Fauna, 552, 563, 574.
Faxicura, 129.
Fedrici (Dei), 33.
Felipe II, 30.
Felipe de Jesus, 337, 342.
Felipe (S.) navire, 83.
Feller, 340.
Fernandez, Ms.
Fernando de S. Joseph, 146.
Ferreira (Chr.), 223, 258.
Ferreira (Man.), 364.
Ferrer, Ms.
Feuillet, 335.
Fides no doai, etc., 51.
Figueroa, V' Suarez.
Figuier, 126.
Filipinas, 98, 303. V' Philippines.
Firmamento religio.o, 270.
Fischer, 538.
Fitz-Herbert, 52.
Fleurs des Saints, 168.
Flora jap., 485, 554, Ad.
Flos Sanctorum August., 384.
Focky, 407.
Fontaine, 329.
Fontaney, 365, 894.
Foo Koua Siriak, 504, 512.
Formosane (Langue), 431.
Formose, 209, 339, 365, 366, 367, 374, 418, 426, 443, 489, 498, 502, 504, 535, 655.
Forster, 442.
Fournier, 292.

— 64 —

BIBLIOGRAPHIE JAPONAISE.

Fraissinet, 533 *bis*, 606, 640.
Franciscains, 120, 134, 186, 250, 321, 343, 344, 386, 392, 393 et *bis*, 406, 408, 417.
Francisco de Gracia, Ad.
Francisco de Xavier, Francesco, Franciscus, François, Frank, Francis, 52, 56 et *bis*, 1er, 84, 104, 126, 149, 150, 151, 160 et *bis*, 161 et *bis*, 162, 227, 235, 245, 254, 258 et *ter*, 270, 280, 281, 287, 298, 299, 302, 310, 317, 318, 322, 340, 341, 346, 347, 352, 358, 369, 383, 448, 641, Ad. V^r Xaverias, Xaverides, Xaverius, Xavier, Saverio.
Franciscus à S. Aug., 151.
Franciscus Aurelian., 231.
Franciscus Maria, 160.
Frank, 340.
Franco (Apoll.), 165, 385.
Franco (Ant.), 376, 380, 381, 382, 389, Ms.
Freitas, 187.
Frizon, 340.
Frobisher, 378.
Froes (Froes, Frois, Froys), 16, 20, 34, 39, 40, 49, 53, 63, 64, 80, 81, 82 et *bis*, 203.
Fuess, 358.
Fuligati, 244.
Furci, 639, 640.

G

Gabriel, 16.
Gabriel a Magd., Ms.
Galucci, 41 *bis*.
Galvam, Ad.
Galve, 168.
Garcia (Franc.), 249, 322 et *bis*.
Garcia Serrano, Ms.
Garces, 176.
Gartner, 356.
Gaubil, 365, 414, Ms.
Gaulthier, 28.
Gent, 138.
Géographie, 403, 414, 420, 459 et *bis*, 535, 556, 576, 619. V^r Atlas, Cartes.
Géographie (Soc. Française de), 1, 489, 605.
Géographique (Soc.) de Londres, 531.
Go-pen, 426. V^r Japon.
Gersen, 116.
Gesandschaften, Gesantschappen, 314, 315. V^r Ambassades.
Ghisai (V^r Kisai), 190, 199, 284.
Giannetosio, 385.
Giapon, Giapone, 21 *bis*, 27, 287. V^r Japon.
Ginnaro, 264.
Giornata cristiana, 448.
Giram, Girano, Giron (Rod.), 108, 121.
Girard (Ant.), 302.
Girard (Prudence), 490.
Glanius, 552 *bis*.
Glorias del IIe Siglo, 481.
Gloriose mort, 80 et *bis*.
Gloriosa corea, 268.
Gloriosus Franciscus, 186.
Glynn, 535, 598.
Goch (Van), 305.
Gochkévith, 632.
Golownine, Golownin, 474, 483.
Gomez (Luis), 34, 233, 386.
Gomez (Pedro), 61, 75, 85, 190.
Gonçalez (Ant.), 286.
Gonçalez (Domingo), 145, 200.
Gonçalez. V^r Mendoza.
Gonçalvez (Gasp.), 23, 24.
Gordon, 485, 552.
Gothard (Arithus), 41 *bis*, 111.
Goto (Jean de), 196, 198, 199, 200, 204.
Gottfield, 391.
Gouvea (Ant. de), Ms.
Gouvea (Jorge de), 136 *bis*.
Gouverneurs gén., 418.
Grammaire, 47, 220, 405 *bis*, 504, 520, 631. V^r Arte.
Gravures, Ms.
Grégoire XIII, 28.

Grégoire XV, 166.
Grenade (Luis de), 51.
Grieve, 419.
Grimstone, 41 *bis*.
Grinæus, 1.
Grixalva, 179.
Grüning, 430.
Gualtieri, 28.
Gubernatis (De), 343.
Guerreiro (Bern.), 208.
Guerreiro (Fern.), 89, 102, 105, 113, 119.
Guerres civiles, 387.
Gugliadus, Ms.
Guia do Pecador, 77.
Gutierrez, 249.
Gutzlaff, 535, 559 *bis*, 607.
Guzman (Luis de), 52.
Guzman (Pedro de), 87.
Gyzbertz, 247, 277 *bis*, 304, 374.

H

Haan (De), 565.
Hackluyt, Ad.
Hackluyt Society, 593, Ad.
Hagenauar, Hagenaer, 236, 277 *bis*, 374, 377.
Hagendorn, 356.
Hai Kwo, etc., 535.
Hakodadi, 490, 655.
Hall, 477.
Hallcix, 122.
Harris, 368.
Hatch, 124.
Hawks, 620.
Hay, Hayus, 11 *bis*, 16, 23, 35, 50, 88, 91, 163.
Hayo (De la), 323 et *ter*.
Hazart, 315.
Heine, 624, 645.
Herinneringen, 537.
Hernando de S. Joseph, 145.
Herrera, 272.
Herrera Maldonado, 126.
Hervas, 452.
Hervey S. Denys, 595.
Hildreth, 615.
Himmalch, brig, 503.
Hispania illustrata, 95.
Histoire des Indes, 11 *bis*, 41 *bis*.
Histoire du Japon, 194, 489.
Histoire naturelle, 41 *bis*, 458, 497, 508, 535, 589.
Histoire religieuse, 228, 237, 351, 372, Ms.
Hoffmann, 540, 555 *bis*, 557, 579, 590, 609, 628, 631.
Hollandais, 75, 115, 117, 123, 271, 360, 314, 325 et *bis*, 350, 370, 388, 402, 409, 418, 420, 428, 429, 490, 585, 614.
Honor del gran Patre, 276.
Hoppuer, 460.
Horsburgh, 608.
Horticulture, 595.
Huber, 52.
Hugo (Herm.), 108, 208.
Hulsius, 75.
Humboldt (A. de), 459 *bis*, 547.
Humboldt (G. de), 465 *bis*.
Huysmans, 34.
Hydrographie, 554 *ter*.
Hydrographie, 481, 496 *bis*, 553, 568, 638, 644, 655, 656, 657.

I

Ianinus (Janin), 287.
Ichtyologie, 481.
Icones, 132.
Icones plantarum, 353.
Idate, 127, 129, 431.
Ideas de virtud, 270.
Ieco, Ieso, Iezo, 178, 464 et *bis*, 533, 644. V^r Yesso.
Ignace (S.), 57, 160, 258 *ter*, 270.
Iles (groupe 6°), 517.
Ilicium, 555 *bis*.
Illustrations of Japan, 496.

Imagem da virtude, 376, 380, 381.
Imago primi sæculi, Ms.
Imbert, 490.
Imhoff, 418, 463.
Imitation de J.-C., 116.
Indes, 55, 41 *bis*, 87, 89, 94, 102, 103, 105, 106, 111, 117, 123, 149, 523 *bis* et *ter*, 539, 549, 574, 588, 642.
Indian Oak (brig), 535.
Indiarum Jus, 211.
Indo-Chine, 594.
Informaciones, 83.
Ingersoll, 535, 558, 582.
Inocencio, 71.
Instruction, 491.
Insu, 455.
Isagoge, 540 *bis*.
Isle (de l'), 412.
Itinerario del Nuevo-Mundo, 21.
Itinerario de IV Princ., 43.

J

Jacquet, 504, 527.
Jancigny, 199, 594.
Japon (description et histoire). Passim.
Japonais, 424.
Japonaise (Lettre d'un), 266, 374.
Japonaise (Ouvrages en langue), 13, 136 et *bis*, 158, 159, 168.
Japoneidos, Ms.
Japonica, 88, 103.
Jarric, Jarricus, 110.
Java, 463.
Javan, 115.
Jésus (Compagnie de), passim.
Joannes à S. Antonio, 393 et *bis*. V^r Juan.
Joannes à S. Martha, 253, 286.
Joaquim de S. Aug., 406.
Jomard, 489, 619.
Joseph da Natividade, 415.
Joseph de Santa Cruz, 521.
Joseph de Sainte-Marie, 79.
Joseph (Hern. de S.), 145, 146.
Josephus à S. Antonio, 384.
Journal, V^r Moniteur.
Journal asiatique, 504.
Journal of the Amer. Or. S. 596.
Journal of the R. A. S. 549.
Journal of the R. Geog. S., 531.
Journal of the Indian Arch., 589.
Journal des Savants, 471, 476.
Journal des Voyages, 466.
Juan Baptista, 148. V^r Pedro.
Juan de S. Antonio, 78, 392.
Juan de la Concepcion, 441.
Juan de Jesus, 220.
Juan de S. Domingo, 182.
Juan de Sta Maria, 78, 79, 184.
Juan Francisco de S. Ant., 406.
Juan Pobre, 36, Ms.
Juniperus, 232, 242.
Juvencius, 373.

K

Kaempfer, Kempfer, 358, 355 et *bis*, 375, 590 et *bis*.
Kamtschatka, 404 et *bis*, 419, 646.
Keljzer, 388.
King (C. W.), 535, 563 et *bis*.
Kingsborough, 494, 504.
Kioping, 314.
Kirwitzer, 109.
Kisai, 198.
Klaproth, 454, 459 *bis*, 461, 472, 484, 492, 498, 499, 501, 502, 504, 507, 510, 512, 514, 515, 530, 582, 542, 543, 545, 585.
Kofler, 394.
Koraï, 533. V^r Corée.
Kosima, 501.
Ko tsching dschaug, 540, 541, 546.
Kotzebue, 475, 488, 526.
Krafto, 533, 644.
Krammer, 277, 374.
Krusenstern, 460, 468, 469, 481, 489, 496 et *bis*, 553.

— 65 —

BIBLIOGRAPHIE JAPONAISE.

Kuiper, 608.
Kurilles, 419, 465, 533, 644.
Kurowski, 300.
Kurt Sprengel, 442.

L

Labor Evangelica, 303.
Lacépède, 450, 456.
Lafitau, 300.
Lahier, 265.
Lamarck, 442.
Lamberti, 265.
Lampayre, 258 *bis*.
Lancina, 321.
Landresse, 95, 405 *bis*, 472, 504.
Langlès, 442, Ms.
Langsdorff, 607.
Langue coréenne, 541.
Langue des Aïnos, 599.
Langue des Lieou Tcheou, 477.
Langues d'Yeaso, de la Corée, des Lieou tcheou, 455.
Langue formosane, 431, 498.
Langue japonaise, 370, 405, 431, 440, 447, 452, 509, 498, 509, 535, 590 et *bis*, 607, 612, 634, 637, 649, Ad. V° Alph., Dict.
Laterna, 509.
Laurel, 192.
Laurie, 566.
Lauts, 585.
Laxman, 455.
Lay, 565 et *bis*.
Lecomte, 294.
Legati, 23, 24, 27, 28, 43, 81 *bis*, 263.
Legras, 633, 655.
Lejeune, 452.
Lelevel, 605.
Lettres (caractères), 11.
Lettres édifiantes, 305.
Lettres édifiantes (nouv.), 479.
Leupe, 644.
Levysohn, 600.
Lew-Chew, V° Lou-Tchou.
Lima (Exam. de), 216.
Lima (Jux. de), 415.
Lima (Fête à), 107.
Lindsay, 539.
Linnæus, 555 *bis*.
Linschoten, 41 *bis*, 69, 76, 378.
Lisboa, 380.
Lion, 614.
Livres, 494, 504, 515.
Llave, 380, Ms.
Logan, 568, 618.
Lonicerus, 76.
Lope de Vega, 143..
Lopez, 218.
Lou-tchou, Lieou-Kieou, Lu-Tchu, Lew-Chew, Lioux-Chioux, Liu-Kiu, 305, 455, 473, 477, 490, 498, 504, 519, 532, 533, 555, 559 *bis*, 558, 559, 591, 655.
Louis XIV, 323 *ter*.
Lucas de S. Catharina, 176.
Lucas (Ph.), 277 *bis*.
Lucena, 82.
Ludhorf, 635.
Ludovico (Gasp.), 173.
Luis de Granada, 51, 77.
Luis de Jesus, 305.
Luna (Dom. de), Ms.
Lusitanorum (De) Imperio asiat., 187.
Luz (Simão de), V° Simão.

M

Macao, Macao, 203. Ms.
Machado (J. B.), 154. Ms.
Machault (de), 173, 194, 265, 282.
Macedo (Francisco à S. Aug.), 151, 223.
Macfarlane, 601.
Madjicosimah (îles), 525.
Maffei, Maffeius, 11 et *bis*, 25, 56 *ter*.
Magasin asiat., 454.
Malle, 305.

Major, Ad.
Majorica, 175, 182 *bis*.
Makebyde, 99.
Malay, 115.
Malte-Brun, 459 et *bis*, 509.
Mançano, 183, 184, 210 et *bis* et *ter*.
Manhattan (ship), 535.
Manley, 277 *bis*.
Manners and customs, 567.
Mansoni, 84.
Manuale casuum consc., 100 *bis*.
Manuale ad Sacr., 100.
Manuel du négociant, 580.
Manuel du saint Rosaire, 139.
Mappemonde, 498.
Maracci, 282.
Maria (Ant. de S.), 327.
Mariannes (îles), 587.
Marianus, 186.
Marie-Magdeleine, 293, 327.
Mariner's Guide, 641.
Marini (de), 294.
Mariz, 74.
Marque (Petrus de), 357.
Marques (Franc.), 285.
Marques (Pedro), 285.
Marsden, 1.
Martens, 378.
Martha (Jo. a S°), 233.
Martin de S. Joseph, 586, Ms.
Martin (Pedro), 260.
Martinez (Dom.), 515.
Martinez (Jos.), 330.
Martinez (Matt.), 110.
Martinez (Franc.), 52.
Martinez (Pedro) ou Martins, 35, 59, 78.
Martinius, 291.
Martyre, 97.
Martyrs (Excellence du), 73.
Martyrologio singulier, 327.
Martyrologium Francisc., 250.
Martyrs, passim.
Martyrs (Catal. des), 109, 258 *bis*.
Masamune, V° Idate.
Masquera, 99.
Massei, 448, Ad.
Mastrilli, Mastrillos, Mestrill, Mastrillo, Mastrili (Marc. Fr.), 235, 245, 246, 251, 252, 254, 255, 258 et *bis* et *ter*, 259, 270, 273, 364.
Mateliel, 106, 374.
Matos, Mattos, 101, 135, 137, 141.
Matsumai, Matzumai, 173, 455.
Meares, 464.
Mecinski, Menciski, Micischi, 285, 300.
Medhurst, 472, 522, 535, 551.
Medina, 360.
Meister, 356.
Mélanges asiat., 506, 517.
Mello, Melo, 146, 179, Ms.
Melville de Cambée, 531.
Mémoires et anecd., 489.
Mémoires conc. les Chinois, 426.
Mémoires relat. à l'Asie, 498.
Mem. de lett. port., 465 et *bis*.
Memorials of Japan, 593.
Mena, 144.
Menchiaca, 56 *ter*.
Mendes Pinto, 126.
Mendoça, Menduce, Mendoza, Mendozza, 21, Ad.
Mercati, 81, 82.
Mercklein, 320.
Mernet, 499.
Mesures, 480.
Météoriques (Corps), 503, 566.
Mexia, 20, Ms.
Mexico, Ms.
Meylan, 431, 523, 544.
Michel de Preces, 257.
Michaud, 462.
Michel d'Ariens, 50.
Michel (Bob.), 208.
Miguel, 352.
Miki, Michi, 196, 198, 199, 200, 204.
Milburu, 470.
Millet-Mureau, 449.

Milione, 1.
Mimazonzo, 504, 529.
Mindanao, 251.
Mindraus, 451.
Ministre des col., 613.
Minutoli, 316.
Miracula et icones, 152.
Missions. Passim.
Mogor, 62, 88, 287.
Mohl, 504.
Molkenbeer, 578.
Monarquia espiritual, Ms.
Moniteur des Ind. Or., 181.
Monnaies, 430, 439, 440, 573, 580 .
Montagnes, 550.
Montagna, 314.
Montaru, 655, 657.
Monte (Card. à), 109.
Monteiro, 159, 397.
Montigny, 489, 580.
Montry (De), 533 *bis*.
Monumenta Dominicana, 329.
Monuments de la Géogr., 619.
Morales, 283, Ms.
Moran, 179.
Morejon, Morejou, 135, 157, 218, 223.
Morelli, 427.
Morera, 210 *ter*.
Morin, 169, 175.
Morrison (J. R.), 525.
Morrison (ship), 535, 558, 559, 563.
Mortes illustres, 295.
Mouchez, 648.
Mounin Sima, 498, 504, 507.
Mexon, 359.
Muller, 421.
Murcius, 24.
Muriel, 427.
Murillo Velarde, 410.
Murray, 467.
Musci frondosi, 578.
Musée brit., 353, 584.
Musée de La Haye, 579.

N

Nadasi, 295.
Nagasaki (Nangasaki), 305, 535, 655. Ad.
Napa, 533.
Narrationes, 34.
Narwal (Navire), 555.
Natura (de) novi orbis, 41.
Naturelle (Histoire). V° Histoire. ?
Naudé, 390.
Naufrage, 35, 316, 374, 390, 535.
Nautical (Observ.), 535.
Navarchus, 9.
Navarrete (Alonso de), 139 *bis*, 141, 143, 520, 353, Ms.
Navarro (P.-P.), 138, 159.
Navigantium Biblio., 368.
Navigation, 159, 231.
Néerlandais, 611, V° Hollandais.
Neue Welt-Bott, 394.
Neumann, 557.
Neuvaine, 319, 322 *bis*.
Nevil, 213.
Nicolas de s. Aug., 179, M°.
Nicolaus Antonius, 439.
Nieremberg, 258 *bis* et *ter*, 270, 348.
Nieuhoff, 356.
Nifon no cotobani, 222.
Nipon o dai, etc., 565.
Nippon, 533.
Noort (Oliv. de), 75, 118, 374.
Nord (Voy. au), 378.
Notices et extraits, 511.
Noticias summarias, Ms.
Novus orbis, 1.
Nunez (Belchior), 97, Ms.

O

Obstétrique, 431, V° Accouchements.
Office de s. Fr.-Xav., 340, 369.
Office des martyrs, 71.

— 66 —

BIBLIOGRAPHIE JAPONAISE.

Ogilby, 314.
Omo Swier de Haren, 428.
Oppidangelum, Ms.
Orange (Prince d'), 489.
Oranus, 88.
Oratio legat., 24, 87.
Orationes, 24.
Orbis seraphicus, 343.
Orfanel, 228, Ms.
Organtino, 16, 39, 62.
Oriental commerce, 470.
Oriente conquistado, 372.
Origine des Jap. 431, 599, 515, 534, 547.
Orlandinus, 133.
Orléans (D'), 338, 340.
Orscolor, 186.
Ortucci, 322.
Ossinger, 223.
Ostie (Évêque d'), 160 *bis*.
Oudin, 340, 369.
Ouekaki, 590.
Overmeer Fischer, 504, 538.
Oxborne, 399.
Oyanguren, 405 et *bis*.

P

Pacheco, Paciecus, 262, Ms.
Pacleidos, 262.
Pack, Paslo, Passio, Passius, 83, 92, 99, 108.
Pages, 56 *ter*, 658.
Pallas, 440.
Palme de l'héroïsme, 214.
Palme triomphale, 171.
Palmer, 582, 634.
Paolucci, 235.
Parascandalo, 145.
Paravey, 347, 548.
Parke, Ad.
Parker, 559.
Parneso, 347.
Patrignani, 56 *bis*.
Paul V, 129, 130, 131, 181, 232 *bis*.
Paul, Jean et Jacques, 171, Ms.
Pedregal, 642.
Pedro Baptista, 55, 406, Ms. Ve Ben Baptiste.
Pedro Pobre, 70.
Pena (De la), 28.
Pennaut, 451.
Peralta Calderon, 399.
Peregrino Atlante, 317.
Pereira (Bart.), 262.
Pereira Pacheco, Ms.
Perez (H.), 252.
Perez (P.), 40.
Pérouse (La), 449.
Perpinianus, 24.
Perry, 620.
Peruschi, 61, 62.
Petrucho, 104.
Pfizmaier, 507, 599, 603, 604.
Philippe IV, 211.
Philippines, 304, 362, 410, 441, Ms.
Philosophie, 656.
Pierre-Baptiste, 191, Ms.
Pimenta, 82, Ms.
Pinelo, 403.
Pinto. Ve Mendez, Pineyro, Pigneyra, 142.
Pipino, 1.
Plantes, 353, 375, 431, 435 et *bis*, 489.
Pobre (Juan), 30, Ms.
Poêmes, 493, 529, 554, 609, Ms.
Poésie, 603, 604.
Poids et mes., 580.
Poissons, 450.
Polo (Marco), 1, 426.
Porcelaine, 625.
Porte (De la), 21.
Portugais, 12, 263, 504, 511, 539, 400.
Possinus, Poussines, 56 *bis* et *ter*, 301.
Potocki (Archip.), 484, 498.
Poze (Delle), 155.
Preble (Sloop), 535.
Preces (Mig. de), 257.

Prêcheurs (FF.), 114, V^r Dominicains.
Pretzel, 455 *bis*.
Primitiæ martyrum, Ms.
Priviléges, 171.
Prodiges, 81 et *bis*.
Progressibus (De novis), 182 *bis*.
Promulgatione (De) Evang., Fidei, 41, Ms.
Propagande, 333.
Propagation de la Foi, 490.
Protais, 50.
Protomartyrs, 201, 392, 496.
Provenus messis domin., 293.
Providence (Ship), 455.
Psalmanazar, 367.
Puebla de los Angeles, Ms.
Purchas, 120.
Pure (De), 11 *bis*, 169.
Python, 340.

Q

Quambacundono, 48, 62, 63, 64.
Quarterly review, 484, 537.
Quelpaerts, 316, 469.

R

Radermacher, 431, 437, 438.
Raderus, 169.
Raffles, 463, 525.
Raimondo Parascandulo, 145.
Ramon Gonçalez, 347.
Ramusio, 1.
Raymundo Cinthio, Ad.
Rebello, 38.
Rechteren (Van), 217.
Recollections of Japan, 470.
Recopilação, Ms.
Regnault, 41 *bis*.
Rekening, Ms.
Relandus, 370.
Relationi della venuta, 28.
Religious sects of the Jap., 535.
Réunssat, 90, 472, 476, 486, 503, 504, 505, 506, 511, 516, 517, 518, 519, 520.
Reptiles, 366.
Résidences, 169.
Revue de l'Orient, 577.
Revue des Deux-Mondes, 109, 521.
Reyer Gyzbertz. V^r Gyzbertz.
Rho, 199.
Rhodes (De), 279, 285, 286, 289, 290, 328.
Rhyne (Ten), 345.
Ribadeneira (Marc. de), 80.
Ribadeneira (Pedro de), 80, 334.
Ricasoli, 125.
Richard de Sie-Anne, Ms.
Richesses (Origine des), 509, 512.
Richesses de la Hollande, 429.
Ricord, Rikord, 472, 474, 475.
Ridolfi, 265.
Rinsiñé, 532.
Rios (Los), 207.
Rippoli, 598.
Rites (Congr. des), 320, 353.
Ro (Jacob), 166.
Rodriguez (Franc.), 239.
Rodriguez (Joa.), Giram, 90, 108, 224, 405 *bis*, 472, 510, 517, 520, Ms.
Rodriguez (Mathias), 213.
Romain, Jap., 587, 596.
Rosaire (Manuel du S.), 139 et *bis*.
Rosaire (Province du S.), 260.
Rosas do Japão, 363.
Rosario, 21 *bis*.
Rosini, 285.
Rosny, 564, 612, 637, 638, 639, 650.
Rubino, 265, 285, Ms.
Rundall, 593.
Russes, 320, 421, 425, 431, 438, 437, 481, 490, 611.

S

San Tavares, Ad.
Sacchinus, 155, 261, 283, 301.
Sacramento (Manuale ad), 160.
Sailing directions, 535.
Soki, 451.
Salazar, 260.
Salmon, 393.
Salute (De procur. Ind.), 41.
Samarang (ship), 589.
Sancho, 50.
Sande (de), 43.
Sandoval, 84, 149.
San Germano, 379.
Sankokf to sets, 504, 507, 532.
San Roman, 90.
Santarem (Vte de), 575.
Santos (Dos), 114.
Sauvitale, 204.
Sanvitores, 298.
Saris, 124, 469, 483.
Sarlandière, 500.
Sauer, 453.
Severio Oriteut., 204.
Sbaraglia, Sbaralea, 457.
Scheuchzer, 396.
Schipman, 9.
Schlegel, 565.
Schouten, 277, 374.
Schott, 94, 122, 128, 137, 140, 141.
Schultes, 602.
Schultz, 470.
Sciences naturelles, 504.
Scioppius, 232.
Sebastiano de S. Pedro, Ms.
Sects, 535.
Seculi Agostin. 297.
Segger ou Seyger van Rechteren, 217, 374.
Serdonati, 11 *bis*.
Sergugliemi, 52.
Sérionne, 429.
Sesti, 342.
Sherard Osborne, 653.
Shobert, 486.
Siam, Sian, 86, 120, 277, 278, 520, 590.
Sicardo, 300.
Sidoti, 379.
Siebold, 431, 459 *bis*, 489, 497, 504, 508, 509, 515, 524, 529, 553 et *bis*, 534, 546 et *bis*, 541, 546, 547, 550, 555 et *bis* et *ter*, 555 et *bis*, 565, 566, 567, 568 et *bis*, 570, 579, 581, 611, 644.
Silva (Ant. da), 310.
Simão da Luz, 210 *bis*.
Simoda, 655.
Sinica, 88.
Sin roou, etc., 485, 546.
Sloane, 590.
Soares, 8.
Societas Jesu militans, 328.
Societatis Jesu (Hist.), 133, 155, 261 et passim.
Société de Batavia, t.29, 638.
Société géog. de Loudres, 551.
Society (R. A.), China Branch, 592.
Sol do Oriente, 310.
Sollier, 91, 150, 198, 203, 351.
Solorzano, 211.
Sommaire de la Confr. du S. Ros., 139 *bis*.
Soprants (de), 226.
Sotelo, 127, 129, 232 et *bis*, 242, 392.
Sotuelus, 334.
Sot uit de Mauw, 315.
Souchu de Renuefort, 349.
Souèges, 335.
Sources chaudes, 459 *bis*.
Sousa (Luis de), 170.
Souza (Manoel da), 400.
Souza (Ant. Caet. da', 284 *bis*, 385.
Souza (Franc. de), 372.
Souza (J. B. da), 84.
Souza (Math. de), 229.
Soys, 431.
Spalding, 623.

BIBLIOGRAPHIE JAPONAISE.

Specimen, 607.
Sperver (de), navire, 313.
Spinelli, 158.
Spinola (Fab. Ambr.), 268.
Spinola, Spinula (Carlo), 169, 288, 326, 338, 340, 353, Ms.
Spitelli, Spitilli, 49, 64, 80, 85.
Sprengel, 442.
Staehlin, 225.
Stafford, 255.
Staunton, 54.
Stefanone, 10.
Steinmetz, 654.
Stelia (P.), 59.
Sterauijs, 555 et bis.
Steven, 535.
Stocklein, 394.
Struijs, 532 et bis.
Suarez de Figueroa, 119.
Susius, 223.
Syllabaire, 504, 512, 535, Ad.
Syllabus martyrum, 258 bis.
Sylva (Duarte da), Ms.
Synopsis annalium, 389.
Synopsis plantarum, 421, 5'a.

T

Tablas chronol., 352.
Tableaux historiques de l'Asie, 472, 499.
Tables, 389.
Talcosawa, 83, 85, 91.
Taisne, 161.
Tanner, 176, 326.
Tartarie, 86, 120, 354, 431, 437, 626, 639, 646, 648, 657.
Tatsiban, 632.
Tavernier, 525.
Taylor, 616.
Teatro de la constancia, 175.
Teglio, Teilio, 67.
Telegraph (China), 651.
Tellez, 274.
Temminck, 552, 565, 574.
Ternaux, 129, 459 bis, 571.
Terra japonica, 336.
Tex, 512.
Texeira, 16.
Theiner, 31.
Theotonio, V' Bragance.
Theatrum jap. const., 175.
Thesaurus, 221.
Thesaurus (Novus) 546, V' Dictionnaire.
Thesaurus linguæ jap., 551.
Thesaurus rerum indic., 110.
Thévenot, 504.
Thibet, 365.
Thielmannus, 197.
Thomas, 16.
Thomas de S.-Aug., 249, Ad.
Thornton, 470.
Thourio, 23.
Triumphis (De Christ.), 169.
Thronus Dei, 158.
Thunberg, 430, 434, 435 et bis, 442, 447, 493, 555 et bis.
Tilesius, 468.
Times, 602.

Tissanier, Ms.
Titsingh, 451, 459 bis, 480, 486, 517, 519, 545, 572, Ms.
Titus Japonais, 411.
Tlascala, Ms.
Tomes, 603.
Torelli, 297.
Torre Sevi, 317.
Torellas, 152.
Torres (Ant. de), 219.
Torres (Balt. de), 219, 223.
Torsellino, V' Tursellinus.
Traité des Vertus, 97.
Transactions of the China br., 592.
Transitus ad aquil., 76.
Tribut de peaux humaines, 490.
Tributaires de la Chine, 426.
Trigault, 132, 154, 169, Ms.
Trinitaires, 248.
Triunfo de la Fee, 143.
Triunfos, etc., 207.
Tronson, 646.
Tsian dsu wen, 541.
Tunkin, 279, 294.
Turano-Vekiti, 263.
Turk, 513.
Turner, 596.
Tursellinus, 52, 56 et bis et ter.
Tijdschrift voor Noerl. Indië, 561.

U

United states Sen. doc., 598.
Univers (Collect.) 594.
Urbain VIII, 190, 195, 200, 205, 232, Ms.
Ureman, 156.

V

Valentyn, 388.
Valignani (Alex.), 18, 19, 22, 34, 43, 50, 91, 361, 372.
Valignani (Ferrante), 361.
Valla, 104.
Vallareggio, Ms.
Vaisalobre, 148.
Vanderburgus, 472.
Varenius, 278.
Varones, 258 ter, 312.
Vasconcelos, 45.
Vasquez, 383.
Vaz, 14.
Vekiti, 263.
Velez de Lacerda, 259
Vendredis (Dix), 322 bis.
Verhael (Cort.), 203, 239.
Verhandelingen, 451.
Verneur, 606.
Vers à soie, 590.
Vicariat ap., 490.
Vicente de S.-Antonio, Ad.
Vicente de la Cruz, 256.
Vidas exemplares, 270.
Vieyra (Ant.), 353.
Vieyra (Franç.), Ms.
Vieyra, Vieira, Viera (Séb.), 140, 141, 250, Vilches, 177.

Vincendon Dumoulin, 587.
Vincent de S.-Joseph, 366.
Vireau, 223.
Virgilio (Ben. di), 289.
Vivero y Velasco, 109.
Vlis (Van der), 451.
Vocabulaire coréen, 513, 535.
Vocabulaire jap., 11, 93, 212, 431, 472, 522, 535, 551, 572, 189, Ms. V' Dictionnaire.
Volcans, 459 bis, 501.
Voxu, 129, 130, 131.
Voyages, 481, 487.
Voyages au Nord, 378.
Voyages (Collect. de), 366, 368, 371, 374, 378, 391, 399, 409.
Voyages (Annales des), 459 et bis.
Voyages (Journal des), 466.
Vries, Vriese, 355, 414, 555 et bis, 578, 640.

W

Wade, 535.
Waldenfeld, Weidenfeld, 56 bis, 350.
Wa Kan, 550.
Walström, 493.
Wendschirme (Sechs), 587.
Willers, 491.
Williams (S. W.), 535, 558, 622, Ad.
Willmans, 324.
Winslow, 535.
Wiseman, 642.
Witsen, 355.
Wittingham, 626.
Wood, 378.
Worm, 402.
Worterbuch, 597. V' Dictionnaire.
Wurb, 431.

X

Xaverias, 349.
Xaveridos, 383.
Xaverius, Xavier. V' Franciscus.
Xaverius dormiens, 358.
Xaverius thaumaturgus, 346.
Xaverius Ulyssip. soinn., 407.
Xaverius Viator, 383.
Ximabara, 269.

Y

Yedo, 535, 655.
Ye Ki Ken, 458.
Yesso, Yeso, 271, 304, 378, 455, 532.
Yo san fi rok, 590.

Z

Zeemansgids, 608.
Ziagabata, 504.
Zocs (de), 194.
Zuccarini, 555 et bis, ter, quater, 555 et bis.
Zuniga, Zuñite, 330, 355, Ms.

www.ingramcontent.com/pod-product-compliance
Lightning Source LLC
LaVergne TN
LVHW020954090426
835512LV00009B/1894